AF355507

La cooperación entre el alumnado

Sylvain Connac

La cooperación entre el alumnado

Sylvain Connac

MONTABER

Colección: Economia social y solidaria
Director: David Soler

La cooperación entre el alumnado
© Sylvain Connac
1.ª edición, 2021

Título original: La coopération entre élèves
© 2017, Réseau Canopé
© de esta edición, incluido el diseño de la cubierta, ICG Marge, SL
© Imagen de la cubierta: Shutterstock

Edita: Marge Books | Montaber
València, 558 – 08026 Barcelona
Tel. 931 429 486 - montaber@montaber.es
www.montaber.es

Traducción del francés: Julia Calzada García
Gestión editorial: Eva Franch
Colaboración editorial: Laura Serral
Realización editorial: Mercedes Lara
Impresión: Safekat, SL (Madrid)

ISBN edición impresa: 978-84-17903-65-7
ISBN edición digital: 978-84-17903-66-4
Depósito Legal: B 9595-2021

El papel empleado en este libro no ha sido blanqueado con cloro elemental (Cl_2).

Índice

El autor

Sylvain Connac es docente e investigador en Ciencias de la Educación, miembro del LIRDEF-EA 3749 (Laboratorio Interdisciplinario de Investigación en Didáctica, Educación y Formación, Equipo de Acogida 3749) y profesor de la Universidad Paul-Valéry de Montpellier. Sus planteamientos didácticos y pedagógicos tienen en cuenta la diversidad entre el alumnado, sin que las personas con más dificultades queden aisladas. Por ello, apoya, a través de la investigación, a equipos de educación primaria y secundaria que desarrollan proyectos de cooperación entre el alumnado.

Comenzó su labor pedagógica en la educación popular, para después, en 1998, unirse al equipo de la Escuela Antoine-Balard en Montpellier. Junto a ese equipo, diseñó y puso en práctica la experiencia de la clase única y cooperativa dentro de la iniciativa francesa denominada «educación prioritaria». Posteriormente, de 2010 a 2014, en el ISFEC (Instituto Superior de Formación en la Enseñanza Católica) de Montpellier, se encargó de la formación profesional, inicial y permanente del profesorado desde infantil hasta secundaria. También es miembro del consejo de redacción de la revista *Cahiers pédagogiques* y participa en las actividades del ICEM34 (Instituto Cooperativo de la Escuela Moderna de Hérault) y de la asociación PIDAPI (Planes Individualizados y Diferenciados de Aprendizaje y Pedagogía Institucional).

Agradecimientos

Quiero dar las gracias a todo el alumnado, al profesorado y al personal de las instituciones que me han permitido observar y estudiar sus prácticas cooperativas. Dirijo un agradecimiento en particular a los equipos de la Escuela Oran de París, del Instituto J. S. Pons de Perpiñán, de la Ciudad Escolar A. Chamson de Le Vigan y del Instituto Daudet de Tarascon. Este libro pone de relieve sobre todo su capacidad de no conformarse con lo existente y de emprender caminos que lleven hacia el progreso personal y la emancipación colectiva.

Prólogo

AL igual que la «personalización» o la «creatividad», la «cooperación» es uno de los aspectos atractivos de la educación cuyo estatus epistemológico no siempre es fácil de identificar en el discurso pedagógico. Sin duda, son portadores de «valores», y aquellas personas que los reivindican los convierten a menudo en «estandartes». Los definen por oposición a todo lo que se supone que caracteriza las prácticas tradicionales: la repetición estandarizada, el anonimato indiferente ante las particularidades de cada persona o a la feroz competencia entre escolares que solo aspiran a pisotearse mutuamente. Con la creatividad, la personalización y la cooperación, la educación no solo pretende transmitir de una manera más eficiente conocimientos a los recién llegados al mundo, sino favorecer el surgimiento de un «hombre nuevo», listo para involucrarse en una «sociedad ideal» de respeto y paz, de serena complementariedad entre los sujetos, y donde al fin podrá reinar la justicia entre las personas.

Esta ambición es portadora de grandes esperanzas y, al mismo tiempo, de un inmenso temor. Esperanza de ver como la educación contribuye a la construcción de un mundo donde las «personas del futuro» ya no tendrán que reproducir situaciones absolutamente contingentes, profundamente injustas y gravemente dañinas para seres inocentes por definición... Pero también un inmenso temor frente a la voluntad de omnipotencia y las veleidades de control radical que demuestran todos los proyectos que pretenden llevar a cabo una «revolución pedagógica». La historia no cesa de alertarnos sobre este tema: los proyectos pedagógicos más generosos pueden caer en la tentación de «hacer tabla rasa» del pasado y llevar a los adultos a «fabricar» *in situ*, con las criaturas que se les confían, soldados clonados a partir de una perfección ideal. Se trata de una fantasía sin duda perfecta, si se mira desde la perspectiva de los cánones estéticos, incluso morales, de una utopía futura, pero totalmente aterradora desde el punto de vista de un mundo donde las imperfecciones de lo cotidiano hacen posible la sorpresa, suscitando incluso compasión o ira, y ayudan a redescubrir la necesaria modestia de la tarea educativa: «hacer», claro, ¡pero «hacer con»!

Por este motivo, la cooperación también suscita algunos motivos de preocupación: ¿Cómo sería un mundo de niños y niñas, adolescentes e incluso personas adultas obligadas a colaborar continuamente? ¿Cómo sería un universo pedagógico en el que todo trabajo individual estuviese prohibido, todo aislamiento castigado, y todo acto de marginación fuese llevado ante un «tribunal popular»? La cooperación se convertiría en una botella de Moebius de la que nadie podría librarse jamás y en la que todos se quedarían encerrados para siempre.

Además, el estatuto de la pedagogía de la cooperación dista de ser claro. Así como se pueden definir las normas que rigen una «cooperativa de producción» de personas adultas voluntarias, en cambio, cuesta identificar a qué métodos de trabajo hace referencia la palabra «cooperación» en el ámbito de la pedagogía... Hace ya algunos años, cuando observaba sistemáticamente a grupos de escolares que colaboraban juntos, quedé asombrado por la rapidez con la que se organizaban «espontáneamente» en «creadores, ejecutantes, desempleados y estorbos», así como por la ceguera de las personas adultas ante tal fenómeno. Aún más, me impresionó que confundieran «tarea» (lo que el grupo debe «producir») y «objetivo» (lo que cada miembro del grupo debe aprender a hacer). Observé una tendencia en casi todas las situaciones: el maestro o la maestra consideraba la división del trabajo no solo como un «fenómeno natural», sino como una manera de finalizar la actividad colectiva y, de paso, satisfacer su propio narcisismo, el del grupo, e incluso el de las familias, todos en su conjunto fascinados por un «resultado» en el que la mayoría no habían aprendido nada, pero cuyo «producto» validaba, de alguna manera, la pedagogía aplicada.

Afortunadamente, las cosas han cambiado. El trabajo individual preparatorio, la rotación de tareas y funciones, la supervisión del acompañamiento personalizado, el interés por una evaluación exigente e individual, la exploración de nuevos ejercicios que permitan realizar los descubrimientos necesarios... todo eso ha pasado a formar parte de las prácticas escolares habituales y hay que alegrarse de ello. Como también hay que alegrarse de que las prácticas de cooperación se centren en objetivos definidos que se anuncian y se verifican de manera precisa: movilizar a un grupo para un proyecto colectivo, descubrir a las personas y sus recursos, asumir la ayuda entre iguales, reforzar los conocimientos adquiridos, aprender nuevas tareas y funciones, trasmitir conocimientos en situaciones desconocidas, etc. Por último, naturalmente, hay que alegrarse de que se vayan estabilizando de manera progresiva los «métodos de trabajo» que hacen posible todo esto. Un verdadero «trabajo de grupo», así como «los juegos colectivos estructurados», requieren unas normas bien definidas cuya fecundidad pueda ser comprobada por todos y todas, y que permitan continuar «interaccionando» de una manera cada vez más profunda y portadora de nuevos descubrimientos.

Porque ahí es donde reside el quid de la cuestión: para que haya una colaboración formativa se necesita una interacción fructífera, una interacción «didactizada», como bien lo expresa Sylvain Connac en esta obra. «Didactizada», es decir, «en contacto» con actividades cognitivas que hacen posible una verdadera «ecología de la atención» y permiten una «manipulación mental», a raíz de la cual el sistema de representaciones se reestructura para alcanzar un nivel superior. No obstante, una interacción «didactizada» también supone un sistema de intercambios entre personas de carne y hueso, intercambios que suscitan lo que en psicología se denomina «conflicto sociocognitivo», esto es, el hecho de reconocerse en lo «común» para poner en juego las «diferencias», de manera que un colectivo progrese en su sistema de simbolización y modelización.

En la presente obra se examinan en profundidad estas cuestiones. Sigue siendo un libro de «militancia pedagógica» y hay que felicitar al autor por ello. No deja nada suelto sobre los «principios reguladores» de la cooperación: se inscribe en toda la tradición pedagógica que defiende los intercambios entre las «pequeñas personas», intercambios sin violencia, situaciones en las que el alumnado va recibiendo herramientas para «convencer sin vencer», pero también intercambios en los que nada está totalmente cerrado, donde los «dispositivos pedagógicos» están regulados por la persona adulta antes de que la estudiante puedan pilotarlos sin dominarlos totalmente, donde siempre ocurre algo, ¡hasta puede que algo inesperado!

Didactizar sin encerrar. Clarificar sin acabar con la posibilidad de que ocurran cosas inesperadas. Construir situaciones rigurosas, pero sin anticiparse a lo que cada cual podrá descubrir en ellas. Proponer restricciones fecundas que inviten a crear, pero sin asignar a los sujetos a una creación estandarizada. Organizar para liberar. Asumir la humildad del «bricolaje pedagógico», alejándose de las fantasías de una infancia enredada en «utopías de la cooperación ideal», pero manteniéndose siempre cerca de lo más justo, allí donde la exigencia permite el florecimiento de un sujeto, afortunadamente siempre a base de ensayo y error. He aquí lo que este libro propone sobre un tema esencial como es la cooperación, razón por la cual hay que leerlo y tomarlo como fuente de inspiración.

Philippe Meirieu

Profesor emérito en Ciencias de la Educación en la Universidad Lumière-Lyon 2

Presentación

LA COOPERACIÓN A PIE DE OBRA, COMO CONTRIBUCIÓN SOCIAL

El trabajo cooperativo en las aulas es un fenómeno que moderadamente está en auge, tanto en su formulación teórica como práctica. Lo corroboran las aportaciones científicas en eventos como congresos o seminarios universitarios, y es una práctica en la escuela obligatoria e incluso en la universidad. Que esté parcialmente en auge no significa ni mucho menos una generalización en ningún estadio educativo, sea de primaria, secundaria o universitario.

Sí debe constatarse que el aprendizaje cooperativo es un tema que está en el candelero, con ambivalencias manifiestas. Así, confirmamos que hay grupos dotados con una amplia reflexión teórica y con práctica persistente, mayoritariamente surgida de la base consolidada por un profesorado que ha visualizado la necesidad de este mecanismo, frente a otros grupos que lo aplican con su alumnado sin unas bases suficientemente sólidas, ni estructurantes, y más intuitivas que reflexivas. De hecho, lo que significa realmente la cooperación son aspectos que requieren estudio, reflexión, preparación y actuación. El proceso debe abordar qué significa la cooperación, qué puede aportar para la consecución de los objetivos de las disciplinas, cómo puede articularse en el aula, cómo debe ser el trabajo del profesorado y del alumnado, cómo preparar a este último para dotar de sentido al trabajo del equipo docente o cómo evaluar el sistema y el contenido, entre otros aspectos.

Por todo lo indicado, constatamos que el verdadero trabajo en cooperación no es una mera técnica improvisada, sino que es un modo de enseñar diferente por parte del profesorado en aras de un aprendizaje que se persigue sólido y solidario del alumnado. Trabajar de manera cooperativa es dar un paso más en el proceso de aprendizaje y persigue, a través de docentes concienciados, con dotes de gestión de aula, democratizar el saber en aras de un aprendizaje universal.

LA AYUDA DE LA LEGISLACIÓN

La apuesta por la enseñanza cooperativa ha visto discurrir orientaciones a lo largo de los últimos cincuenta años. En España, por ejemplo, la Ley General de Educación de 1970 sacó a relucir el tema, en un sentido genérico de relación entre familia y escuela. Como línea de aprendizaje señaló que «los métodos didácticos en la Educación General Básica habrán de fomentar la originalidad y creatividad de los escolares, así como el desarrollo de aptitudes y hábitos de cooperación, mediante el trabajo en equipo de profesores y alumnos», en una orientación más de presentación que de persuasión y necesidad.

En este sentido, la legislación española de finales del siglo xx aportó orientaciones más concluyentes. Fue en la primera década del siglo xxi cuando se produjo un salto cualitativo respecto al tratamiento que debe darse a la cooperación, a partir de un currículum organizado por competencias, en una apuesta ya explícita por el trabajo cooperativo. En el marco actual se señala la necesidad de disponer de habilidades de cooperación y tomar conciencia de la importancia de apoyar y apreciar las iniciativas y contribuciones de los otros, para la consecución del resultado final. Tomando como ejemplo la competencia de «aprender a aprender» se destaca la doble direccionalidad en los procesos de enseñanza-aprendizaje, en la gestión y el control de las actividades propias, proyectándolas hacia el resto de la clase, trabajando la capacidad de cooperar, de aprender por medio de experiencias de aprendizaje conscientes y gratificantes, con flexibilidad, tanto individuales como colectivas. El avance ha sido importante.

En un periodo reciente, los currículos han abordado un paso más. Se señala que para la adquisición de contenidos será necesario partir de la curiosidad que despierta la observación de los hechos y fenómenos que rodean al alumnado, y que le provocan la formulación de preguntas. Se postula que para encontrar respuestas de resolución de cuestiones será necesario el trabajo cooperativo que proporcionará argumentos y soporte a las propuestas de resolución. Este trabajo cooperativo en pequeños grupos dará sentido al desarrollo de actitudes y habilidades relacionadas con la expresión oral y escrita. Se indica que la interacción cooperativa en la búsqueda de saberes debe ser una forma de aprendizaje realizada a través del consenso, dando pautas para una posterior coevaluación.

Cabe decir, en conjunto, que actualmente en España las orientaciones de todas las variantes de los currículos de la enseñanza obligatoria, sustentados por cualquier signo político, apuestan claramente por el trabajo en grupo y por el aprendizaje cooperativo. Otra cosa es una consecución eficiente.

LAS REFERENCIAS TEÓRICAS Y LA ADECUACIÓN

Modelos basados en la Escuela Nueva, en la Mancomunidad en Cataluña, en los enfoques no generalizados de la Segunda República, etc., habían acercado referentes a modelos cooperativos, propiciando visitas pedagógicas a escuelas del extranjero en las que se visualizaban formas de trabajo no usuales en el ámbito español. La dictadura franquista castró estos modelos relacionales.

La base del trabajo cooperativo de los últimos años debe su influencia, en parte, a los estudios de autores básicamente anglosajones. Las traducciones de libros de Slavin, David Jonhson, Roger Johnson o Holubec, entre otros, fertilizaron semillas incipientes que han dado alas a experiencias punteras. La entrada del trabajo cooperativo se ha basado en aspectos surgidos de los valores y principios cooperativos como:

- aceptar las ideas divergentes, mutables, conscientes de que se está en un mundo cambiante y que, por tanto, estas se encuentran permanentemente en construcción;

- la disposición al diálogo y el consenso, implicando que el avance comprensivo se sostiene por articular un discurso, saber escuchar y recomponer ideas para reformular conceptos;
- la necesidad de una libertad individual para poder relatar, argumentar, redefinir y contraargumentar opiniones;
- el logro de la igualdad con los miembros del grupo en cuanto a deberes y derechos, en beneficio de poder forjarse una personalidad propia;
- la responsabilidad en la participación, baluarte de corresponsabilidad, para la consecución de logros comunes;
- basarse en la democracia como plasmación personal para conseguir deberes colectivos ante el compromiso de un reto educativo;
- la voluntad de aprender y saber, reconociendo que el aprendizaje es persistente;
- la economía en regulación tanto para entender los beneficios reales del trabajo cooperativo como para calibrar los costes temporales;
- y la constancia y persistencia, sustentos para una cooperación estable y de compromiso, no efímera.

LA NECESIDAD DE FORMACIÓN. ¿PERO, QUÉ FORMACIÓN?

Un eje central es la formación profesional de los equipos docentes respecto al tema que nos ocupa. Profesionales de la pedagogía, la psicología, la sociología y didactas, sensibilizados con la temática, han aportado vías de reflexión más o menos sugerentes y resultados prácticos, a menudo contrastados. Uno de los problemas es que se priorice solo una vía de aprendizaje: la teórica o la práctica. Lo necesario para la cooperación en clase es mostrar las dos caras del sistema. Con lo que no hay duda es que conseguir una generalización en aprendizaje de calidad para actuar de manera cooperativa pasa por la vía de la formación.

Partimos de la idea que hay dos vías formativas: la profesional y la permanente. En la primera vía se encuentra la formación inicial del profesorado de infantil y primaria, la cual está haciendo meritorios esfuerzos de adaptación, donde una corriente de pensamiento apuesta por consolidar que los futuros profesionales salgan especializados de las facultades universitarias, aunque cabe reconocer que dicho sistema no está generalizado en todas las áreas ni en todas las disciplinas. Esta vía tiene la ventaja que la formación del profesorado de 0 a 12 años dispone de unas prácticas reales a través del prácticum escolar, para aprender realmente, con y desde la facultad de Educación y la escuela, la parte práctica. En cuanto a la formación del profesorado de secundaria obligatoria –y por extensión de la universidad–, la formación profesional se realiza cursando un máster profesional, foro que debe mejorarse para adecuar una práctica acorde con la necesidad.

La otra vía formativa es la formación permanente, presencial o no, buscando la ayuda y las reflexiones de personas expertas. El libro que presentamos aporta este bagaje discursivo teórico y, sobre todo, práctico. Veámoslo.

LA APORTACIÓN DE ESTE LIBRO A LA ENSEÑANZA DE LA COOPERACIÓN AL SISTEMA FORMATIVO

El libro de Sylvain Connac es un compendio de teoría y de práctica reflexiva que resultará del todo adecuado en muchos campos para todo el profesorado. Su aportación amplía el campo de acción de los modelos anglosajones y de algunos que se han generado en los últimos años. Rearma lo indicado, que el libro centra el trabajo en cooperación, lejos de tanteos no fundamentados que pueden resultar frustrantes. Sobre una base teórica muy sólida se une una potente fundamentación práctica, lo que confiere un valor a profesionales de la enseñanza ya curtidos, y una racional y honesta realidad de la edificante vía para un trabajo de futuro que ya está presente en quienes se inician en estos menesteres.

Veamos algunas de las aportaciones del libro y el posible encaje en las dinámicas pedagógicas:

- Presenta una estrategia pedagógica específica: la cooperación entre el alumnado. Para ello propone optimizar el compromiso del saber, de compartirlo y de aceptarlo de otros; de no cercenar la participación de los vulnerables; y «de fomentar el desarrollo de valores en relación con la solidaridad, el altruismo y la responsabilidad».
- Aclara una confusión instalada en algunos círculos educativos, diferenciando que el trabajo en grupo no presupone que deba entenderse como cooperar. En algunos casos cooperar puede resultar solamente un ejercicio individual para presentar un trabajo concreto, mientras

que trabajo en grupo supone la consecución compartida y conjunta de un aprendizaje, es decir, una interrelación.

- Sostiene que el profesorado, para avanzar en la vía ejecutiva del trabajo en equipo, necesita responsabilidad individual, formar grupo y discusión permanente. Ello implica la relación con otros para dar y para aprender.

- Desestima la creencia que la configuración de grupos con alumnos calificados como buenos con otros de nivel bajo no ayudan a fomentar la cooperación. Defiende que el tratamiento cooperativo descansa sobre la base solidaria, respetando la individualidad y con ayuda de todos. La enseñanza cooperativa tiene que producir aprendizaje significativo, ya que es uno de los efectos de realizar un buen trabajo cooperativo.

- Cuestiona el sentido de la clase magistral, en la que hay un único proveedor de saber, ya que no ayuda como herramienta de aprendizaje cooperativo. Postula que el aprendizaje entre iguales, como base, orientado, ayuda a un refuerzo y una reformulación constantes.

- Objeta el concepto de pedagogías cooperativas como un mecanismo asistencial. Defiende la apuesta rigurosa del saber curricular. Concuerda con postulados que sin exigencia no hay educación.

- Rearma la organización del trabajo del alumnado en el movimiento que postula la economía social y solidaria. Y defiende con ello la necesidad del valor social de los principios cooperativos originarios, que el neoliberalismo está cercenando.

- Diferencia con claridad la dialéctica educativa entre colaboración –ayuda interesada o ficticia– y la cooperación –ayuda para la satisfacción personal y del otro, como componente de humanización solidaria.

- Aporta el nuevo concepto de pedagogías de la cooperación para favorecer la personalización del aprendizaje, por cuanto a partir del trabajo individual, este se enlaza con el trabajo en y para el grupo, ambos indisociables.

- Precisa tipos de relaciones cooperativas entre iguales, diferenciando mecánicas de actuación en grupos pequeños y en grupos grandes. Añade precisiones a clasificaciones ya establecidas como la tutoría, en el primer caso, y los consejos cooperativos, las redes de intercambio recíproco de conocimientos, los debates con finalidades democráticas y filosóficas, y los proyectos o los juegos cooperativos, en el segundo caso.

- Reclama el papel central del alumnado en el proceso, como sujeto activo partícipe de su aprendizaje, acompañado por el equipo docente, guía también activo de su andamiaje intelectual.

- Sustenta una educación personal y social, basada en la ayuda retroactiva: aprendizaje a partir de problemas, formulando preguntas y demandando y recibiendo ayuda; frente a la asistencia proactiva: dar ayudas paso a paso.

- Confronta las ayudas proporcionadas entre iguales esenciales en el alumnado de nivel parecido, propias de ámbitos no formales, y al trabajo en grupo, organizado por el profesorado, en el ámbito formal.

- Distingue entre trabajo en grupo y trabajo de grupo. Mientras el primero tiene como sustento y necesidad el trabajo individual, con heterogeneidad del alumnado, el segundo busca una productividad con o sin interacción personal.

- Manifiesta el rol de la figura de alumno-tutor, como responsable formador, el cual debe recibir formación explícita para poder atender con categoría oral comprensiva las demandas solicitadas de sus compañeros y compañeras.

- Aporta la idea que el trabajo en pequeños grupos no debe sustentarse en una gerencia directiva por parte del equipo docente, sino en conseguir persuadir que sea el propio alumnado el que articule su necesidad para conseguir objetivos constatables.

- Clarifica el objetivo del trabajo en grupo por parte del profesorado, instalando al alumnado en lo que no sabe pero que puede llegar a saber, a través de una pregunta-problema adecuada que este pueda resolver. En este punto subyace la responsabilidad del equipo docente de saber adecuar la fijación de preguntas-problema al alumnado, quien, con esfuerzo, pueda llegar a alcanzar el aprendizaje significativo.

- Ordena y clarifica la primera aportación al trabajo en grupo: la comprensión del problema respecto a la posterior memorización-fijación del resultado. Este aspecto tiene más rendimiento en un grupo reducido, ya que se adapta más a las necesidades individuales cooperativas que a las competitivas.

- Aporta una diversificada variabilidad en la formación de grupos en base a los objetivos que se persigan, indicando los pros y los contras. Esta concreción muestra un dominio práctico y analítico de las posibilidades existentes, y de la posible realidad en regulaciones ya probadas.

- Induce la necesidad de exponer con claridad la directriz que se busca, basada en un adecuado planteamiento enunciativo, evitando la reiteración explicativa del objetivo no entendido por parte del alumnado. Concreta la formulación de la pregunta en dos aspectos: sencillez en el enunciado no sujeto a interpretaciones y precisión verbal. En la presentación conviene dar pistas para su consecución, o sea para el éxito. Para verificar y percibir la comprensión de la pregunta sugiere requerir a uno o dos receptores-alumnos la explicación del enunciado, para realizar ajustes en caso que sea conveniente.

- Estipula la temporalidad en un trabajo en grupo. Ello conlleva a precisar y diseñar por parte del alumnado los logros a conseguir, en un periodo de tiempo real, disipando desviaciones y concretando la optimización real de los objetivos.

- Aporta técnicas autoevaluativas del trabajo individual y del trabajo en grupo. En el primer caso se remarcan aspectos relacionales y otros de avance en el conocimiento. En el segundo caso la autoevaluación se refiere al grupo, respecto de si se consideran que se han conseguido los objetivos, demandando aspectos sobre la temporalidad y la parte individual de participación.

- Remarca cómo debe ser la intervención de la persona docente respecto al alumno y al grupo, y respecto a la familia y los compañeros. Adjetivos que se vislumbran como esenciales serían: atento, observador, expectante, claro, dispuesto, acompañante, auxiliar, colaborador, animador, canalizador, facilitador, formador, afable, comprensivo, sutil, etc. Un profesional, en definitiva, para el siglo actual.
- Sustenta la idea marco de lo que entiende por un proyecto. Determina que hay dos elementos centrales para su correcta consideración: basarse en la acción y la cooperación con el grupo. Para su consecución aboga: por un objetivo concreto, por conseguir la modificación personal del alumnado tanto en los ámbitos de formalización del proyecto como de desarrollo, por ser evaluable y por conseguir unos logros y un pósito de competencias adecuados.
- Disecciona los consejos cooperativos del alumnado, como técnica educativa, en sus puntos fuertes y débiles, y concreta su rendimiento, como foco de democracia. Como estrategia planificada de introducción al aprendizaje, da normas orientativas de cómo ordenarlo, de cómo dar pautas de resolución y de cómo ajustar el respeto al individuo con la educación de grupo.
- Suscita reflexión de cómo conseguir la mecánica cooperativa individual y de grupo, en íntima conexión con el aprendizaje que se trabaja. Sustenta que deben verificarse tanto los pasos cooperativos como el dominio del

saber en una fase de práctica para inducir el recuerdo y la evaluación. La fase de práctica debe ser activada individualmente para una evaluación individual razonable, y para favorecer que el alumnado transite por vías diferenciadas, sin limitar su capacidad individual.

El libro del profesor Sylvain Connac, por estas y otras cuestiones complementarias que descubrirás página tras página, aporta reflexiones contrastadas, por lo que su lectura incorpora una cantidad de ideas novedosas para cambiar el sistema de clases discursivas, de clases pasivas, de clases orales o de clases con apuntes. La pretensión de este libro no es dar pautas definitivas y concluyentes, sino ofrecer una forma social y puntera de enseñanza-aprendizaje, acorde con la realidad, en la que el alumnado sea el centro del sistema y donde el profesorado comprometido actúe como generador de aprendizajes para una sociedad que aspira a ser más armónica, más comprensiva, más solidaria y más comprometida.

Antoni Gavaldà
Universitat Rovira i Virgili

La cooperación entre el alumnado

Introducción

En el artículo L111-1 del Código de Educación francés se expresa de una forma muy clara: «El servicio público de educación favorece la cooperación entre alumnos tanto en la organización y la metodología como en la formación de los maestros que allí trabajan». Por lo tanto, el ejercicio de la libertad, el objetivo de la igualdad en el progreso educativo, así como el compañerismo entre el alumnado dependen de la cooperación.

Así pues, vamos a estudiar de cerca una forma de pedagogía concreta: la cooperación entre el alumnado. Este método tiene tres objetivos: optimizar el compromiso de este con las actividades que se le proponen (autorizándolo a su vez a compartir lo que sabe y a solicitar la intervención de los compañeros en caso de bloqueo), participar en la inclusión de la diversidad y, por último, fomentar el desarrollo de valores relacionados con la solidaridad, el altruismo y la responsabilidad.

El objetivo de esta obra es que las teorías y las prácticas sean accesibles. Se trata de evitar el efecto Sísifo, es decir, el hecho de tener que reinventar una y otra vez lo que ya ha sido establecido con anterioridad. La tesis principal que se defiende en el presente trabajo es la necesidad de hacer didáctica la cooperación para que estas modalidades de trabajo puedan generar efectos positivos en los aprendizajes. Sin este requisito previo, no hay nada que demuestre que dejar que el alumnado coopere mejora el aprendizaje y el clima escolar; en realidad, sucede todo lo contrario. «El hecho de que varias personas formen un grupo no significa que vayan a trabajar juntas y a formar un equipo. También se puede añadir que trabajar en grupo no es necesariamente sinónimo de cooperar, ya que cada uno puede atribuirse méritos que no son suyos.»[1]

¿De qué trata esta obra? La primera parte se centra en definir conceptos, porque la cooperación se puede definir desde distintas perspectivas. Los dos capítulos siguientes presentan la organización de modelos cooperativos simétricos (la ayuda entre iguales y el trabajo en grupo) y asimétricos (la ayuda y la tutoría). En este punto también se explica cómo formar al alumnado para que pueda cooperar y en qué condiciones. La cuarta parte describe proyectos cooperativos para trabajar con todo el grupo. En primer lugar, los consejos de alumnos y alumnas, que promueven un compromiso democrático por su parte. En segundo lugar, los juegos cooperativos, que educan mostrando estilos de vida alternativos a la competencia, a la desconfianza mutua y a la mera competición. Insistimos en la complementariedad de ambos estilos ya que la confrontación

---

[1] Staquet, C., *Une classe qui coopère, pourquoi? Comment?* Lyon, Chronique sociale, 2007, p.11.

con el otro puede conducir, en cierta medida, a la autosuperación. Por último, las redes de intercambio de conocimientos, que convierten las clases en comunidades cooperativas construidas sobre la base de la reciprocidad en la que cada cual aporta y pide.

Creemos que la lectura de esta obra puede ahorrar años de tanteos y evitar un gran número de investigaciones, desilusiones y frustraciones. Pero es responsabilidad de cada cual apropiarse de estos parámetros y ponerlos en práctica. Sin duda, la mejor decisión es no aislarse y acercarse a grupos portadores de inteligencia colectiva o crear uno por sí mismo.

1 ¿Qué se entiende por cooperación?

L A cooperación entre alumnos[2] activa una cualidad natural en el ser humano: el altruismo.[3] Esta responde a dos aspiraciones complementarias: el deseo de ser uno mismo y el de estar con los demás. Dentro del aula, durante el horario de trabajo cotidiano, la cooperación se concibe como un elemento pedagógico, es decir, un medio adecuado para facilitar el aprendizaje. Eso significa que no es un objetivo en sí mismo —no se trata únicamente de cooperar para aprender a cooperar—,[4] sino modalidades de organización que permiten acercarse a los objetivos y a los propósitos que se quieren alcanzar.

---

[2] Entendemos por «alumno/a» la persona, sea niño/a o adolescente, que se encuentra en la escuela. Defendemos que no hay ruptura entre el ser escolar y el ser personal, y que existe una estrecha dialéctica entre las experiencias escolares y la vida extraescolar de los niños y las niñas.

[3] Tomasello, M., *Pourquoi nous coopérons*, Rennes, Presses universitaires de Rennes, 2015.

[4] Hugon, M.-A., «De l'approche de pédagogie interactive à l'approche coopérative des apprentissages scolaires en collège et lycée: quelques points de convergence» en Rouiller, Y., Lehraus, K. (coords.), *Vers des apprentissages en coopération: Rencontres et perspectives*, Berna, Peter Lang, 2008, p. 165-184.

Dicho de otra forma, si los programas y las misiones de la escuela son considerados como objetivos, el hecho de permitir al alumnado que coopere y organizarlo con rigurosidad resulta una manera eficaz de realizar este proyecto. Por un lado, porque los equipos docentes tienen que transmitir los conocimientos y, por el otro, porque, por desgracia, no basta con enseñar para que todo el alumnado aprenda. Resulta imprescindible solicitar su implicación a través de la cooperación.

A estos objetivos fijados por el Estado se le añaden los relacionados con la coyuntura social. En este caso, todo lo relativo a la democratización de la enseñanza. En efecto, la juventud pasa por la escuela (permanece allí un promedio de dieciséis años), pero no siempre sale victoriosa, esto es, con diplomas y competencias útiles para el mundo del trabajo y con la garantía de que accederá al bienestar. A lo largo de las últimas décadas, la situación ha mejorado, pero sigue habiendo una preocupante cantidad de personas jóvenes que dejan los estudios en situación de fracaso escolar (aproximadamente cien mil al año) y otras que, a pesar de estar cualificadas, representan un número demasiado bajo para satisfacer la necesidad de empleo. En definitiva, la escuela contribuye a la exclusión de estudiantes que no encuentran su sitio y se concentra en la formación de una élite que no es lo suficientemente consistente. El problema, a pesar de que tiende a desvanecerse, se convierte en un escándalo en cuanto se constata, de acuerdo con la sociología de la educación, que esta segmentación entre jóvenes está íntimamente relacionada con su origen social. Se trata de una problemática de justicia social que es responsabilidad de todos los agentes de la escuela.

Se ha comprobado que el hecho de relegar a una parte del alumnado o de orientarlo de manera precoz está muy relacionado con las dificultades de aprendizaje en las escuelas y los institutos. Hoy en día se conocen los problemas que pueden generar estas prácticas. Agrupar a estudiantes según su rendimiento escolar (creando clases o grupos por niveles y externalizando la ayuda fuera del horario escolar oficial) acaba desencadenando lo que Baudelot y Establet llamaron el «efecto Duru», en referencia a las investigaciones del equipo del Iredu (Institut de Recherche en éducation: Sociologie et Economie de l'Éducation) de la Universidad de Borgoña, dirigidas por Marie Duru-Bellat. Estos sistemas resultan apropiados y eficaces, pero únicamente para escolares con mejores resultados y para quienes están más solicitados. Se trata de un tipo de organización que beneficia las lógicas elitistas, principalmente favorables para las minorías más acomodadas. Para las demás personas, en especial las que están en una situación más vulnerable, la creación de grupos de nivel y la externalización tienen resultados estadísticamente catastróficos. Esto podría deberse a la ausencia de alumnado motor que estimule los esfuerzos necesarios para aprender y, sobre todo, al sentimiento de desvalorización inherente que genera formar parte de un grupo (o un itinerario) con la etiqueta de «nivel bajo». En cambio, sentir reconocimiento y la capacidad de poder prosperar es uno de los requisitos imprescindibles para aprender.

La excelencia es más exigente que el simple elitismo porque persigue el progreso de todos los estudiantes, desde los más vulnerables hasta los más fuertes. Así pues, es en el seno de los grupos ordinarios, durante el horario de clase y sin etiquetas que estigmaticen, donde resulta más pertinente tener en cuenta la diversidad del alumnado y donde la cooperación encuentra su sitio. Dado que un docente difícilmente puede multiplicar sus intervenciones, sin duda le interesa no quedarse solo y solicitar la participación de los escolares para el enriquecimiento del entorno en el que se encuentran, hecho que a su vez les proporciona el placer de sentirse útiles. Este es el potencial de la cooperación entre el alumnado y el objetivo principal de su autonomía: poner en marcha la ayuda y la ayuda entre iguales para que el equipo docente no sea el único experto capaz de sustentar su actividad intelectual. Tomamos prestada la definición que H. Durler y P. Foray hacen de la autonomía como capacidad para dirigirse a uno mismo en un entorno determinado. Un escolar autónomo se impone sus propias obligaciones en el ejercicio de sus libertades. Así, el o la docente tiene una especie de don de ubicuidad que se manifiesta como la posibilidad de disponer de distintas fuentes de información y sustentos posibles al alcance de todo el alumnado. La heterogeneidad de este se convierte en una riqueza en la que se apoya la cooperación para generar un beneficio cognitivo compartido.

Para explicar estos beneficios, Catherine Reverdy[5] presenta una síntesis de estudios en los que se comparan los efectos que tienen tres modalidades distintas de trabajo con estudiantes: individualista, competitiva y cooperativa. Queda demostrado que, sea cual sea la disciplina, la edad del

---

[5] Reverdy, C., *La coopération entre élèves: des recherches aux pratiques*, dossier de veille de l'IFÉ n.° 114, ENS Lyon, Lyon, 2016, p.17.

alumnado o la tarea que se le pida, el método cooperativo es el más eficaz de los tres en el ámbito del progreso académico, pero también para su socialización, su motivación y su desarrollo.

UNA DEFINICIÓN PARA CUATRO VARIANTES

«No hay que confundir la pedagogía cooperativa con una especie de animación psicológica y basista de grupos humanos que promueve sistemáticamente la palabrería en lugar de una transmisión rigurosa de conocimientos, y por la que se renuncia a toda exigencia en favor de la amabilidad, o incluso de la compasión.»[6]

Las prácticas de cooperación escolar se desarrollaron sobre todo a partir del siglo XIX, en el seno de las lógicas de funcionamiento participativo y recíproco del alumnado (Pawlet, Desroche) y de la enseñanza mutua[7] (Lancaster, Bell), como alternativa a los métodos individuales y a la enseñanza simultánea (creada por Jean-Baptiste de La Salle). Las prácticas cooperativas defienden valores como el compañerismo,

---

[6] En Meirieu en Sumputh, M., Fourcade, F., *Oser la pédagogie coopérative complexe*, Lyon, Chronique sociale, 2013, p. 245.

[7] «Este método, considerado como un medio para educar a un gran número de niños, supera con creces a los demás porque implementa una organización que permite enseñar a la vez, en la misma aula, ocho niveles distintos (clases) y a cada uno según su nivel; porque, al utilizar a los propios alumnos para que instruyan a los demás, sin necesidad de que estos pequeños instructores sean mucho más hábiles que sus compañeros a los que están enseñando, esta técnica estimula y mantiene una emulación que asegura el progreso» (La Rochefoucault-Liancourt, 1803, en Oursel, 2016, p. 12).

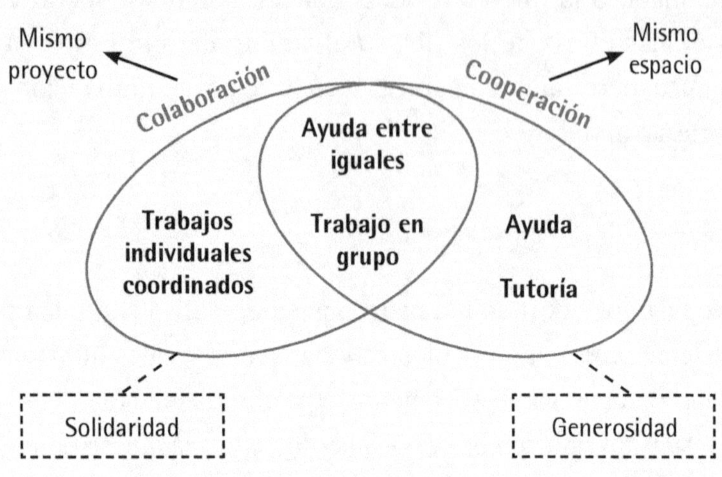

la solidaridad, el respeto, el compromiso, la apertura hacia los demás, el derecho a la diferencia, la confianza, el compartir, el placer, la autonomía, la igualdad o la escucha empática.[8] Se basan en una filosofía educativa caracterizada por «valores de solidaridad, de respeto por las identidades, que incita al alumnado a compartir conocimientos y responsabilidades en el ejercicio efectivo de la democracia, todo ello bajo la forma de la autoorganización».[9] Así, la organización del trabajo cooperativo entre el alumnado se inscribe en el campo de la economía social y solidaria, que defiende objetivos que van más allá del beneficio inmediato: la gestión democrática de

---

[8] Howden, J., Rouiller, Y., *La pédagogie coopérative*, Montreal, Éditions Chenelière, 2009, p. 20.
[9] Sumputh, M., Fourcade, F., *op. cit.*, p. 29.

los intercambios, el valor colectivo o social de los proyectos, el hecho de no lucrarse a nivel individual y la adhesión libre y voluntaria de los miembros.

La cooperación entre iguales se define como el conjunto de situaciones en las que las personas producen o aprenden en grupo. Actúan conjuntamente. Más allá de la coordinación y la colaboración, la cooperación corresponde al nivel más estrecho de la actuación conjunta, en la que los compañeros son mutuamente dependientes y resulta necesario asociarse con el otro.[10] En concreto, la cooperación es lo que se desprende de las prácticas de ayuda, ayuda entre iguales, tutoría y trabajo en grupo. También implica compartir las aspiraciones y la existencia de una generosidad recíproca.[11] La colaboración presenta actividades de trabajo («labor») y sitúa a las personas cooperadoras en una relación simétrica respecto al proyecto que las une.[12] Con la colaboración se da un intercambio de intereses que puede ser solidario y egoísta a la vez: «yo hago algo con el otro, o incluso por el otro, porque sacaré algún beneficio para mí mismo». Con la cooperación, «hago algo con el otro y por el otro porque me satisface la satisfacción del otro».[13]

---

[10] Marcel, J.-F. *et al.*, *Coordonner, collaborer, coopérer: de nouvelles pratiques enseignantes*, Bruselas, De Boeck Universités, 2007.

[11] Go, N. en Sumputh, M., Fourcade, F., *op. cit.*

[12] Connac, S., Fontdecaba, S., «Mieux apprendre avec la coopération», *Cahiers Pédagogiques* (dossier), n.° 505, 2013, p. 10-57.

[13] Go, N., *op. cit.*, p. 52.

Estas prácticas también constituyen un medio pedagógico que puede contribuir a que mejore su relación con el saber.[14] De este modo, la cooperación toma parte en los mecanismos de personalización del aprendizaje.[15] Facilita el aprovechamiento de las situaciones didácticas colectivas así como el desarrollo del trabajo individualizado. Las pedagogías de la cooperación favorecen el aprendizaje con, por y para los demás.

La cooperación es ante todo una organización colectiva que persigue un interés general. Agrupa todas las situaciones en las que niños y niñas, jóvenes y personas adultas, reunidos en comunidades de investigación, ponen sus riquezas individuales a disposición de todo el mundo, intercambian conocimientos y desarrollan así habilidades metacognitivas.[16]

Se pueden distinguir cuatro tipos de relaciones cooperativas entre iguales: la ayuda, la ayuda entre iguales, el trabajo en grupo y la tutoría. Estas cuatro variantes definen las distintas interacciones cooperativas en grupos reducidos. Las completamos con prácticas más colectivas, pensadas como proyectos, entre las que se encuentran los consejos cooperativos, las redes de intercambio recíproco de conocimientos, las mediaciones entre iguales, la correspondencia entre clases, los debates con finalidades democráticas y filosóficas, y los proyectos o los juegos cooperativos.

---

[14] Charlot, B., *Le Rapport au savoir en milieu populaire*, París, Anthropos, 1999.
[15] Connac, S., *La personnalisation des apprentissages – Faire face à l'hétérogénéité à l'école et au collège*, Issy-les-Moulineaux, ESF Éditeur, 2012.
[16] Connac, S., *Apprendre avec les pédagogies coopératives, démarches et outils pour l'école*, Issy-les-Moulineaux, ESF Éditeur, 2009.

Las pedagogías cooperativas representan unos valores y, a la vez, una concepción de las relaciones sociales y de las posturas educativas. También son un arsenal de técnicas.[17] Proceden de teorías y prácticas relativas a la Escuela Nueva, que defiende que el escolar merece ser parte activa del proceso de aprendizaje del cual forma parte. Se considera que ejercer la autonomía y asumir responsabilidades es algo natural y que, a su vez, necesita un andamiaje formal por parte de las personas adultas, sobre todo si se busca que la juventud progrese de forma efectiva. Por ello, los conocimientos pedagógicos actuales en materia de cooperación entre iguales son fruto de amplias investigaciones, realizadas a lo largo del tiempo y en distintos continentes. Estos conocimientos provienen de trabajos de figuras precursoras como Grégoire Girard (1765-1850), Johann Heinrich Pestalozzi (1746-1827), John Dewey (1859-1952), Barthélémy Profit (1867-1946), Émile Bugnon (1880-1963), Édouard Claparède (1873-1940), Roger Cousinet (1881-1973), Célestin Freinet (1896-1966), Fernand Oury (1920-1998), René Laffitte (1947-2009), Philippe Meirieu o Claire Héber-Suffrin. Todos sus trabajos llegaron a Francia gracias a movimientos pedagógicos como el ICEM-Pédagogie Freinet,[18] el OCCE,[19] el AGSAS,[20] el GFEN,[21] el AVPI,[22] el CRAP,[23] los RERS[24] y algunos más.

---

[17] *Sciences humaines* n.°282, p. 36.

[18] ICEM: Institut coopératif de l'école moderne, http://www.icem-pedagogie-freinet.org/

[19] OCCE: Office central de la coopération à l'école, http://www2.occe.coop/

[20] AGSAS: Association des groupes de soutien au soutien, http://agsas.fr/

[21] GFEN: Groupe français d'éducation nouvelle, http://www.gfen.asso.fr/fr/accueil

[22] AVPI: Association vers la pédagogie institutionnelle, http://avpi-fernand-oury.fr/

[23] CRAP: Cercle de recherche et d'action pédagogiques, http://www.cahiers-pedagogiques.com/Presentation-du-CRAP

[24] RERS: Réseaux d'échanges réciproques de savoirs, https://www.rers-asso.org/

La ayuda genera una relación asimétrica; la persona que ayuda se posiciona como experta y poseedora de más competencias que la persona ayudada (para la tarea en cuestión). Esta relación vertical no representa ningún problema si quien tiene la iniciativa es la persona ayudada, puesto que la acción del sujeto corresponde a una responsabilización y puede entrever la posibilidad de convertirse él mismo en persona que ayuda más adelante. A menudo se da el caso de estudiantes que ayudan de manera espontánea, incluso cuando la situación no lo requiere (por ejemplo, cuando copian).

Los trabajos de Crahay, Hindryckx y Lebe[25] proponen una distinción entre la ayuda retroactiva y la proactiva. Únicamente las técnicas retroactivas resultan eficaces. La ayuda es proactiva cuando supone un acompañamiento «paso a paso»: la persona ayudada solo tiene que seguir las indicaciones para realizar la tarea, pero, por desgracia, queda completamente exenta del trabajo cognitivo que supone la elaboración de la estrategia. Por el contrario, una ayuda retroactiva gira en torno a las preguntas

> La ayuda es una situación en la que una persona que se considera competente aporta sus conocimientos de manera espontánea y puntual a otra persona que lo ha solicitado.

---

[25] Crahay, M., Hindryckx, G., Lebe, M., «Analyse des interactions entre enfants en situation de tutorat portant sur des problèmes mathématiques de type multiplicatif», *Revue française de pédagogie*, n.° 136, 2001, p. 133-145.

o a los errores de la persona que todavía no sabe y que integra las explicaciones de la que ayuda. La persona ayudada está al mando del proceso en el que participa y obtiene el andamiaje de conocimientos a partir de los obstáculos que supera.

Si se examina de cerca esta relación tan natural, se puede comprobar que existen distintos niveles de elaboración en función de la situación y de la petición.[26] Se distinguen los siguientes tipos:

- La ayuda ejecutiva, que consiste en proporcionar directamente la respuesta (lo que es contraproducente).
- La ayuda poco elaborada, que consiste en dar una información simple y apropiada para una tarea poco complicada. Solo requiere que la persona que ayuda tenga cualidades personales y relacionales.
- La ayuda elaborada, que consiste en dar explicaciones y hacer que la otra persona analice las distintas estrategias de resolución del problema. Requiere un cierto grado de especialización en el tema que se está trabajando por parte de la persona que ayuda.

A. Baudrit[27] y A. Marchive[28] sostienen que la ayuda poco elaborada es eficaz para estudiantes que experimentan «lagunas

---

[26] Webb, N., «Peer interaction and learning in small groups», *International Journal of Educational Research*, n.° 13, 1989, p. 21-40.

[27] Baudrit, A., *Relations d'aide entre élèves à l'école*, Bruselas, De Boeck, 2007.

[28] Marchive, A., *L'entraide entre élèves à l'école élémentaire. Relations d'aide et interactions pédagogiques entre pairs de six classes du cycle trois*, Tesis doctoral de Ciencias de la Educación, Universidad de Burdeos-II, Burdeos, 1995.

de comprensión», es decir, que están en situación de bloqueo y no pueden seguir avanzando. Se habla entonces de desbloqueo o rescate. A menudo, estas lagunas se deben a que un escolar no sabe lo que se espera de él o no entiende un elemento de la pregunta para poder responderla. A. Guerrier[29] señala que estas «lagunas de comprensión» pueden aparecer en una clase cuando el conocimiento de algunas palabras y de sus funciones está fuera del alcance del alumnado, que ante preguntas demasiado abiertas o imprecisas puede bloquearse y manifestar dificultades en la realización de la tarea. Es justamente en esos momentos cuando la intervención de un compañero tiene un papel importante, sobre todo si se utiliza el lenguaje verbal y el no verbal. Coordinando ambos, podrán llenar las «lagunas de comprensión» y responder de manera eficaz.

Según Schubauer-Leoni y Perret-Clermont,[30] hay situaciones en las que la ayuda será posible y se podrá proporcionar fácilmente, y otras que presentan más obstáculos, que están menos al alcance de alumnos y alumnas. Las primeras situaciones son adecuadas para lo que A. Marchive[31] califica de «desbloqueo» o «empujón». Las segundas necesitan algo más y, por lo tanto, requieren intervenciones más elaboradas: en

---

[29] Guerrier, A., *Complémentarité du langage verbal et du langage non verbal dans la reformulation: une stratégie pour combler un «blanc de compréhension» en classe?* Tesis doctoral, Universidad Burdeos-Segalen, 2006.

[30] Schubauer-Leoni, M.-L., Perret-Clermont, A.-N., «Las interacciones sociales en el aprendizaje de los conocimientos matemáticos en el niño», en Mugny, G., Perez, J., *Psicologia social del desarrollo cognitivo*, Barcelona, Anthropos, 1988, p. 289-315.

[31] Marchive, A., *op. cit.*

este caso, el lenguaje no verbal que acompaña a las explicaciones verbales no es suficiente.

La ayuda elaborada, que consiste en dar explicaciones sobre las distintas maneras de resolver el problema, es especialmente beneficiosa para la persona que la está aportando ya que requiere una gran implicación cognitiva. Sin embargo, priva a la persona ayudada de aprendizajes reales puesto que, como receptora de informaciones a menudo demasiado elaboradas, no es capaz de abordar la solución del problema y se acaba conformando con ejecutar las órdenes. Una ayuda elaborada a menudo puede derivar en un sobreandamiaje, situación poco eficaz si se busca un acompañamiento del aprendizaje a largo plazo.

A. Baudrit describe[32] cinco aspectos que la persona que ayuda transmite a la que está siendo ayudada: la ayuda debe ser (1) pertinente (responder a algún concepto erróneo o a una falta de comprensión por parte de la ayudada), debe ser (2) de un nivel de elaboración correspondiente a su petición, (3) el intervalo de tiempo entre la petición y la ayuda debe ser relativamente corto, (4) la persona ayudada tiene que comprender la explicación que le han ofrecido y (5) tener la oportunidad de utilizar las explicaciones de la que ayuda para resolver el problema inicial y otros problemas similares.

Los trabajos de Webb[33] añaden una sexta condición: la persona ayudada debe experimentar la necesidad de ayuda,

---

[32] Baudrit, A., *Relations d'aide entre élèves à l'école*, op. cit.
[33] Webb, N., *op. cit.*, p. 21-40.

de esta manera, la intervención de la que ayuda se produce como respuesta a una pregunta o a una necesidad de aquella. Anticiparse a una demanda de ayuda con una intervención supondría caer en un asistencialismo hacia el alumnado.

LA AYUDA ENTRE IGUALES

«En una ciudad de Asia, muy lejana, había dos pobres mendigos, uno ciego y el otro bien tullido. Pedían al cielo que acabase con su vida inhumana. Pero sus súplicas no servían de nada, no podían morir. Nuestro paralítico, tumbado en la misma plaza y en el mismo sitio, sufría sin ser compadecido, con un dolor que lo atormentaba. El ciego, a quien todo podía dañar, ni un apoyo, ni una triste ayuda recibía, ni siquiera un pobre perro que le hiciera de guía, que lo pudiera cuidar y acompañar.

Un día algo sucedió. A tientas, al girar una esquina, el ciego llegó al lado del paralítico, y al oír los lamentos, su alma quedó compungida. Solo un desafortunado sabe compadecerse de alguien en su misma situación.

—Yo tengo mis desgracias, usted su maldición. Juntémonos hermano y nuestras pesadillas habrán terminado.

—¡Qué desgracia! —dijo el paralítico—. Hermano mío, creo que está olvidando que yo no puedo moverme y usted no alcanza ni a verme. ¿Por qué unir nuestras miserias? ¿De qué está hablando?

—¿Por qué? —respondió el ciego—. Oiga, cada uno de nosotros tiene exactamente lo que el otro necesita. Yo tengo piernas, usted ojos. Yo le llevaré y usted será mi orientación. Sus ojos guiarán mis pasos vacilantes, mis piernas irán a los lugares que usted juzgue importantes. Y que en nuestra amistad jamás se tome la decisión de quién de los dos es más imprescindible, yo caminaré y usted verá lo que para mí es invisible.»[34]

Todas las personas tienen las mismas competencias en relación al objetivo que las une. Así pues, se trata de una relación simétrica, aun cuando sus aptitudes individuales puedan variar. La ayuda entre iguales es la realización del refrán: «la unión hace la fuerza», como en el caso del ciego y el paralítico.

La mayoría de las veces se pueden observar dos concreciones de la ayuda entre iguales: o bien un o una estudiante propone de manera espontánea investigar sobre un tema, se forma un grupo y el trabajo se organiza sin ningún tipo de directriz por parte del profesorado; o bien varios estudiantes, que no consiguen resolver de manera individual una tarea o un ejercicio, deciden unir sus fuerzas y compartir sus conocimientos, se reagrupan y se ayudan unos a otros El alumnado

> La ayuda entre iguales es una interacción entre varias personas que se encuentran conjuntamente en una situación de bloqueo frente a una misma dificultad. Estas personas se reúnen de manera informal, es decir, por iniciativa propia, para tratar de resolverlo juntas. Se organizan libremente.

---

[34] «L'aveugle et le paralytique», texto de Claris de Florian, J.-P., (1755-1794).

demuestra autonomía y todos contribuyen. Es necesario diferenciar la ayuda entre iguales de la ayuda mutua. Esta última implica que la persona ayudada se convertirá en persona que ayuda en otro contexto. «La pedagogía de la ayuda entre iguales motiva más y mejor que la de la competencia. Las personas se hacen solidarias en el momento presente y de cara al futuro.»[35]

La ayuda entre iguales se inscribe dentro del campo del aprendizaje colaborativo definido de la siguiente manera: «Personas con el mismo nivel cognitivo y con una posición similar en el grupo que son capaces de trabajar juntas con un objetivo común».[36] La colaboración tiene un carácter más espontáneo que el proceso de aprendizaje cooperativo: las personas interaccionan como les parece conveniente. Según numerosos autores, la ayuda entre iguales, además de favorecer el aprendizaje, contribuye a una mejora de los comportamientos prosociales, de la conciencia ciudadana[37] y del sentido de comunidad.[38] A. Baudrit[39] destaca que estas situaciones de ayuda entre iguales en el alumnado se dan sobre todo cuando la diferencia de nivel entre los escolares es mínima, cuando casi

---

[35] La Garanderie, A. de, *Une pédagogie de l'entraide*, Lyon, Chronique sociale, 1999, p. 15.

[36] Baudrit, A., *Le tutorat, richesse d'une méthode pédagogique*, *op. cit.*, p. 116.

[37] Fertig, G., «Teaching collaborative skills to enhance the development of effective citizens», *Southern Social Studies Journal*, n.º 21, 1995, p. 53-64.

[38] Schaps, E., Watson, M., Lewis, C., «A key condition for character development: Building a sens of community in school», *Social Studies Review*, n.º 37, 1997, p. 85-90.

[39] Baudrit, A., *Relations d'aide entre élèves à l'école*, *op. cit.*

están al mismo nivel. De esta manera, los grupos de ayuda entre iguales acostumbran a ser bastante homogéneos. Esta situación no da lugar a ninguna estigmatización porque son los mismos alumnos y alumnas quienes han escogido esta estrategia de agrupación (y no una autoridad externa).

EL TRABAJO EN PEQUEÑOS GRUPOS

Las nociones de grupo y de equipo no son sinónimas.

En pedagogía un grupo está constituido por relaciones de intercambios plurales que se articulan en contacto con la realidad y renunciando a toda o parte de la autoridad de la persona adulta.[40] Un «pequeño grupo» está formado por un mínimo de tres miembros y un máximo de seis. Cuando el grupo lo forman dos personas se le llama «binomio». En pedagogía, los pequeños grupos se utilizan para realizar actividades puntuales, y su formación se planea previamente. El principal objetivo consiste en el estudio de las situaciones-problema para que cada estudiante se exprese e intercambie, y contraste sus ideas espontáneas con los demás. El funcionamiento de este método se basa en la aparición de un conflicto sociocognitivo,

Un grupo designa a un conjunto de personas que tienen un objetivo común y se influencian las unas a las otras

---

[40] Meirieu, P., *Itinéraire des pédagogies de groupe – Apprendre en groupe*, Lyon, Chronique sociale, 1996.

una etapa que contribuye al aprendizaje mediante una reconfiguración de las representaciones individuales. El conflicto sociocognitivo es un conjunto de interacciones que se caracteriza por la presencia de la cooperación activa. Se tienen en cuenta las respuestas (o el punto de vista) de los demás y se busca, a través de la confrontación cognitiva (del «cara a cara»), la superación de las diferencias y las contradicciones para lograr una respuesta conjunta.

El conflicto sociocognitivo que puede surgir durante el trabajo en grupo es esencial para la construcción de nuevos conocimientos o para el desarrollo de competencias. En efecto, el alumnado descubre, asimila y coteja nuevas informaciones gracias a las respuestas de los demás, que sirven para ir un paso más allá.[41]

Un equipo representa un pequeño grupo constituido con un fin específico, que funciona por reparto de roles y con un proyecto en común. Existe una interdependencia positiva entre los miembros, lo que significa que la única manera de avanzar hacia el objetivo común es asociándose.[42] A menudo los equipos interaccionan entre ellos desde un punto de vista competitivo, encabezados por un líder designado, un jefe de equipo.[43]

---

[41] Bertrand, Y., *Théories contemporaines de l'éducation*, Ottawa, Éditions Agence d'Arc, 1992.

[42] Howden, J., Rouiller, Y., *op. cit.*

[43] Slavin, R., «L'apprentissage coopératif» en *Comment apprend-on? La recherche au service de la pratique*, París, OCDE, 2010, p. 171-189.

De esta manera, los enfoques del trabajo en grupo se relacionan con la corriente pedagógica del socioconstructivismo. «El grupo de aprendizaje solo tiene sentido si representa, para quienes participan, un espacio y una manera de realizar adquisiciones intelectuales.»[44] Los individuos se forman «acercándose» a otros individuos.

Contrariamente a Europa, en América del Norte la historia de la cooperación entre el alumnado está relacionada en parte con la competición entre equipos. Esta lógica de enfrentamiento entre equipos se observa en la estrategia llamada STAD (*student team-achievement divisions* o divisiones de logros de los equipos de estudiantes) donde los equipos reciben calificaciones y recompensas al final.[45] Es también el caso de los MTE (métodos de torneos por equipos), tal y como sucede en el mundo empresarial.[46] En el seno de la clase, los equipos tienen una duración mayor que los pequeños grupos. El objetivo de los docentes dividiendo a los estudiantes en equipos es atribuirles una unidad de cooperación cercana (un grupo base) para la organización del trabajo ordinario o de un proyecto más global: distribución y organización del material, ayudas rápidas, intercambios de ideas fáciles, planificación de actividades... El objetivo común es responder a una instrucción, realizar un proyecto o disponer de compañeros cercanos a los que es práctico recurrir. En este sentido, un equipo puntual se asemeja a un

---

[44] Barlow, M., *Le travail en groupe des élèves*, París, Bordas, 2002, p. 62.
[45] Slavin, R., *ibid.*
[46] Staquet, C., *op. cit.*

pequeño grupo y, como señala Jean Proulx,[47] no es condenable que se confundan estos dos términos. «En pedagogía hay muchas maneras de trabajar en conjunto.»[48]

Así pues, el trabajo en grupo se asemeja a la ayuda entre iguales pero en un contexto más formal. Generalmente lo organiza una persona adulta y tiene como objetivo realizar una tarea determinada (un proyecto específico) o hacer que los estudiantes se posicionen ante un problema, hecho que accionará las confrontaciones cognitivas. Estos intercambios dinámicos propician una apertura de la mente entre los integrantes del grupo y así todos se sienten reconocidos y valorados en su

El «trabajo de grupo» se define por la tarea común que este debe realizar (las interacciones son necesarias). El objetivo es el trabajo *del* grupo. El «trabajo en grupo», en cambio, hace referencia a las situaciones en las que la clase se divide en grupos reducidos. Mientras que el trabajo de grupo prioriza la producción del grupo, el trabajo en grupo tiene como objetivo los aprendizajes individuales. Así, minimiza la importancia de lo que se está realizando y prioriza lo que esta situación refleja. En este contexto, la cooperación sirve para dinamizar las actividades de cada uno, bajo el principio de «la unión hace la fuerza». Por lo tanto, las interacciones son posibles pero no obligatorias, el trabajo individual está permitido. Por este motivo, preferimos esta segunda acepción: el trabajo *en* grupo.

---

[47] Proulx, J., *Le travail en équipe*, Sainte-Foy, Presses de l'université du Québec, 1999.
[48] *Ibid*, p.6.

propia identidad.[49] La heterogeneidad entre los integrantes es una característica imprescindible en el trabajo en grupo. Sin conflictos, desacuerdos e intercambios, el grupo ya no tiene sentido. El ejercicio de la democracia prima en su sentido más noble. Por eso, trabajar en grupo es un ejercicio exigente que incita a comprometerse, a respetar la otredad y a cuestionarse individualmente.

Todo ello procede históricamente de la obra de Roger Cousinet, basada en las teorías pedagógicas de John Dewey. Para ellos, no se aprende solo cuando te enseñan y porque te enseñan. Hay que adoptar una pedagogía del aprendizaje que tenga como base la confianza en el niño. Así, Cousinet proponía un método de trabajo en grupo que seguía tres reglas:

1. Dejar que el alumnado se agrupe libremente.
2. No intervenir nunca mientras los grupos trabajan.
3. Acompañar a los niños en la corrección del trabajo.

De esta manera, el docente es primero organizador y después observador, y no interviene a no ser que se lo pidan.

En Estados Unidos el trabajo en grupo se desarrolló en gran medida durante la década de 1970, cuando las políticas contra la segregación pregonaban que las clases debían ser un espacio en el que se encontrasen estudiantes de orígenes distintos

---

[49] Guillaume, L., Manil, J.-F., *Sept facilitateurs à l'apprentissage: vivre du bonheur pédagogique*, Lyon, Chronique sociale, 2016.

para trabajar juntos. En este sentido, R. Slavin[50] explica que el aprendizaje cooperativo contribuye a considerar la diversidad como una riqueza y no una dificultad. Sin embargo, este investigador señala que en Estados Unidos la cooperación entre los miembros de un grupo se asocia con la competición entre distintos grupos y en forma de recompensas finales.[51]

El trabajo en grupo se inscribe en el marco del aprendizaje cooperativo, definido como una estrategia educativa que consiste en hacer que los escolares interactúen en pequeños grupos.[52] Los sujetos comparten un objetivo común, lo que permite a cada uno de ellos optimizar sus aprendizajes.[53] Este método puede ir más allá de la organización de un único trabajo y añadir interacciones entre todos los grupos, como ocurre con la técnica Grand Jigsaw, por ejemplo. De este modo, al final de cada sesión, todos los grupos habrán podido beneficiarse de las aportaciones de los demás. Así, se consigue poner en marcha un dispositivo que desarrolla la solidaridad entre todos los estudiantes y en el que cada sujeto se siente responsable del éxito de los demás.

Estos enfoques derivan del concepto de *cooperative learning*, que los autores Y. Rouiller y J. Howden traducen como

---

[50] Slavin, R., *The Cooperative Learning, theory, research and practice*, Second Edition, Boston, Allyn and Bacon, 1995.

[51] Véase también Peyrat, M.-F., «Tutorat et apprentissage coopératif au collège», *Carrefours de l'éducation*, n.° 27, 2009, p. 53-68.

[52] Abrami, P., *L'apprentissage coopératif: théories, méthodes, activités*, Montreal, Éditions Chenelière/McGraw-Hill, 1995.

[53] Johnson, D., Johnson, R., «What is cooperative learning?», en Brubacher, M., Payne, R., Rickett, K., *Perspectives on small group learning*, Oakville, Rubicon Publishing Inc, 1990, p. 68-80.

pedagogía cooperativa. La cooperación, que en el presente trabajo recibe el nombre de aprendizaje cooperativo, se apoya en cinco principios organizativos:[54]

- Las interacciones simultáneas, mediante verbalizaciones constructivas en un contexto en el que las tareas están bien definidas.
- La interdependencia positiva, donde el éxito de una persona aumenta las probabilidades de éxito de las demás. Una interdependencia es negativa si conlleva competición.
- La responsabilización, tanto individual (del trabajo y del aprendizaje propios) como colectiva (de la producción del grupo y de mantener un ambiente seguro y que respalde a los compañeros).
- Las habilidades cooperativas, que son objetos de aprendizaje.
- La reflexión crítica, para participar en la evaluación de los procesos de grupo.

Una de las consecuencias de esta concepción estadounidense del aprendizaje cooperativo es la organización de un reparto de tareas, asignadas en forma de responsabilidades individuales e interdependencia.[55] Más adelante especificaremos

---

[54] Johnson, D., Johnson, R., Holubec, E., *Cooperation in the classroom*, Edina, Minn., Interaction Book Co, 1991; Staquet, C., *op. cit.*, p. 56; Howden, J., y Rouiller, Y., *op. cit.*
[55] Dillenbourg, P., Baker, Agnès Blaye, M., O'Malley, C., «The evolution of research on collaborative learning», en Spada, E., Reinman, P., *Learning in Humans and Machine: Towards an interdisciplinary learning science*, Oxford, Elsevier, 1996, p. 189-211.

cómo la repartición de tareas en un pequeño grupo puede provocar desigualdades escolares en relación a los aprendizajes del alumnado. Así pues, no se trata de un método de trabajo que recomendemos, ya que los estudiantes más vulnerables pueden encontrarse fácilmente frente a tareas cognitivas subalternas y, en consecuencia, aprender menos que sus compañeros que se ocupan de trabajos que requieren una implicación intelectual más intensa. Preferimos desarrollar formas cooperativas en las que las interrelaciones tengan como objetivo beneficios cognitivos iguales para todos.

Según J. Lecomte,[56] «el aprendizaje cooperativo se estructura de tal manera que los esfuerzos de cada miembro son necesarios para el éxito del grupo y que cada uno debe contribuir de forma equitativa. Además, los miembros se animan y se ayudan de manera recíproca para aprender, elogian los progresos y los esfuerzos de los demás; deben aprender a conocerse en profundidad y a confiar los unos en los otros, y deben reflexionar de manera regular y conjunta sobre su manera de funcionar y sobre cómo mejorar este funcionamiento». El docente observa y acompaña a los grupos en la realización del trabajo, y se encarga principalmente de atribuir un rol a cada miembro. «Cada uno desempeña un papel en particular, cada uno tiene un puesto específico, aunque haya rotaciones para que todo el mundo pueda llevar a cabo todas las funciones.»[57]

---

[56] Lecomte, J., *La bonté humaine: altruisme, empathie, générosité*, París, Odile Jacob, 2012, p. 6.
[57] Baudrit, A., *Le tutorat, richesse d'une méthode pédagogique, op. cit.*, p. 124.

El docente interviene si la naturaleza de las conversaciones no se corresponde con los objetivos de la situación: «¡No se precipite!, ¡no intervenga al primer signo de dificultad! Manténgase lo suficientemente lejos como para que su presencia no les importune. Escuche atentamente y plantéese qué tipo de problema tienen... ¿El problema se debe a que les faltan conocimientos sobre la materia? Tras haber escuchado y observado puede que acabe decidiendo que el grupo es capaz de solucionar el problema y que no le necesitan».[58] El reparto de roles de funcionamiento propio del trabajo en grupo (más adelante se analizará) tiene como objetivo instaurar una de las características específicas de esta variante de la cooperación: la interdependencia entre los escolares. «Los alumnos de grupos cooperativos pueden alcanzar sus objetivos de aprendizaje únicamente si los otros alumnos, con los que están asociados cooperativamente, logran los suyos.»[59] Hecho que dista de ser evidente, puesto que la naturaleza heterogénea de los grupos puede reflejarse en una asimetría de actividades intelectuales entre los integrantes de estos grupos. «¿No parece una oportunidad perfecta para que los alumnos con un buen nivel adquieran una cierta supremacía?»[60]

El trabajo en grupo también se da bajo la forma de talleres (principalmente en educación infantil) o de proyectos.[61] En Canadá

---

[58] Cohen, E. G. *Le travail de groupe: stratégies d'enseignement pour la classe hétérogène*, Montreal, Éditions Chenelière, 1994, p. 59.
[59] Johnson & Johnson, *op. cit.*, p. 94.
[60] Baudrit, A., *Le tutorat, richesse d'une méthode pédagogique, op. cit.*, p. 126.
[61] Huber, M., *Apprendre en projets*, Lyon, Chronique sociale, 1999.

el trabajo en grupo se ha convertido en norma en infantil y primaria.[62] Los estudiantes se sientan de cuatro en cuatro la mayor parte del día y trabajan juntos. La responsabilidad del docente es juntarlos de la manera más adecuada y controlar el trabajo en común.

LA TUTORÍA

Cuando la ayuda aportada por un alumno voluntario se organiza, se sistematiza y existe un acuerdo entre ambos, se utiliza el término tutoría o «enseñanza entre iguales». Un tutor es un estudiante voluntario y con formación para saber explicar. Domina un tema en cuestión o sabe redirigir a alguien competente. Esta descripción responde al origen de la palabra.

Etimológicamente, el término tutor viene de la raíz latina *tueri*, que significa «proteger, cuidar, velar por». Más tarde, este término cargado de historia y de connotaciones adquiere sentido en el ámbito judicial («persona que ejerce la tutela» o «persona encargada de velar por un menor o un incapaz, de gestionar sus bienes o de

Es el mismo principio que la ayuda, pero con un nivel de institucionalización distinto. La tutoría une a dos personas de niveles competenciales dispares: «el que sabe» acompaña «al que todavía no sabe» hasta que se convierte en autónomo en el ámbito solicitado. La tutoría se inserta en un marco formal en el que las competencias y el objetivo de trabajo están predeterminados.

---

[62] Baumier-Klarsfeld, A., *Réveiller le désir d'apprendre*, París, Albin Michel, 2016.

representarlos en cualquier acto jurídico») y en el de la horticultura («caña o estaca que se clava al pie de una planta para mantenerla derecha en su crecimiento»). El término tutoría aparece también en el ámbito educativo donde se define como un dispositivo de aprendizaje y de ayuda que propicia la interacción comunicativa entre un tutor y una persona tutorizada. Se trata de una relación interindividual asimétrica, una forma de ayuda más elaborada, en la que el tutor se reconoce como la persona que ayuda y se convierte en responsable del apoyo que pide la persona tutorizada.

Aparte de dominar las competencias de la disciplina en cuestión, J. Bruner[63] explica que la persona que ejerce de tutor tiene que demostrar otras cualidades para poder desempeñar el papel de andamiaje que necesita la persona tutorizada: involucrarse en la tarea, simplificar con medida la actividad, mantener la dirección de la tarea, señalar las características determinantes y hacer demostraciones. El rol de tutor, en tanto que persona que ayuda a otra cuando esta última experimenta dificultades, es un estatus aceptado en la sociedad.[64]

Desde la Antigüedad hasta mediados del siglo XIX, el tutor formaba parte de la vida social. Durante la Antigüedad clásica una ley romana nombraba a un tutor como persona responsable de un huérfano. En Francia, durante la Edad Media y el Renacimiento, la función del tutor era la de participar en la educación intelectual y espiritual de niños de familias ricas en el marco de un

---

[63] Bruner, J., *Comment les enfants apprennent à parler*, París, Retz, 1987.
[64] Sarbin, T., «Cross-age tutoring and social identity», en Vernon Allen, *Children as teachers: Theory and research on tutoring*, Nueva York, Academic Press, 1976, p. 27-40.

acompañamiento individual.[65] En Alemania, en 1531, Valentin Trotzendorf decidió que los estudiantes mayores enseñasen a los más jóvenes. Para él, la mejor manera de aprender era enseñando, teoría que retomó Jan Amos Komenský (Comenius) en *Didáctica Magna*. Más adelante, a finales del siglo XVIII, Andrew Bell en la India y Joseph Lancaster en Inglaterra crearon un sistema jerárquico para combatir la escasez de docentes,[66] en el que el rol de «monitores»[67] lo desempeñaban niños-instructores en lugar de adultos. Así, un único docente podía estar a cargo de grupos de entre quinientos y mil estudiantes. Los monitores eran responsables de otros niños, asistentes que a su vez estaban a cargo de un niño-aprendiz. Este sistema recibe el nombre de enseñanza mutua.

En las décadas de 1960 y 1970, se observa un resurgimiento del sistema de tutorías en Estados Unidos y en Gran Bretaña, así como de las investigaciones acerca de los beneficios de este método, tanto para el tutor como para la persona tutorizada. Habrá que esperar hasta la década de 1980 para que la tutoría entre iguales se implemente en Francia.

En la literatura pedagógica se pueden distinguir dos tipos de tutoría:[68] la activa, que consiste en que un tutor ayuda y da explicaciones a la persona tutorizada, y la pasiva, en la que esta aprende escuchando y observando lo que hace aquel. Este último

---

[65] Baudrit, A., *Le tutorat, richesse d'une méthode pédagogique, op. cit.*

[66] Marchive, A., *op. cit.*

[67] Oursel, F., «Du monitorat au tutorat», *Éducation permanente*, n.° 206/2016-1, 2016, p.11-18.

[68] Baudrit, A., *Le tutorat, richesse d'une méthode pédagogique, op. cit.*

caso se acerca al llamado efecto vicariante,[69] que construye el aprendizaje por un doble proceso de observación e imitación. Así, la persona tutorizada se convierte en vicario de su tutor.

Algunos autores insisten en la elección de la persona tutora. G. Barnier[70] explica que, para evitar que haya una cierta superioridad hacia la tutorizada, el docente no debe escoger como tutor a un alumno-experto (el que tiene mejores resultados) de manera sistemática, sino que deberá escoger a quien mejor combine las competencias necesarias en el ámbito que se está tratando con las competencias de tipo comunicacional.

> La distinción entre tutor y monitor era muy difusa, así que A. Baudrit[71] elaboró una aclaración terminológica para evitar confusiones. El monitor está dentro de una relación jerárquica y particular en la que una persona se encarga de hacer que el escolar repita la lección y que practique y, por lo general, tiene a un único estudiante; el tutor forma parte de una organización funcional en la que interviene libremente para explicar, ayudar individualmente o incluso dar consejos a las personas que están aprendiendo y que demuestran dificultades de aprendizaje. «Los tutores explican y aconsejan a los alumnos que tienen dificultades de aprendizaje, mientras que los monitores se dedican a enseñar mediante la repetición la lección del maestro.»[72]

---

[69] Bandura, A., *L'apprentissage social*, Bruselas, P. Mardaga, 1976.
[70] Gérard Barnier, *Le tutorat dans l'enseignement et la formation*, París, L'Harmattan, 2001.
[71] Baudrit, A., *Tuteur: une place, des fonctions, un métier? op. cit.*
[72] Oursel, F., «Du monitorat au tutorat», *op. cit.*, p. 16.

Ciertamente, para convertirse en tutor, el estudiante debe dominar la competencia que se está trabajando, pero sobre todo debe ser capaz de traducirla y transmitirla escuchando a la persona tutorizada. El concepto «congruencia cognitiva»[73] reúne las cualidades relacionales y sociales (capacidad de expresarse con un lenguaje apropiado, de explicar con un vocabulario comprensible y de utilizar nociones y conceptos accesibles al interlocutor) así como las competencias académicas (experiencia en la temática acerca de la cual se le pide ayuda).

UN MAPA CONCEPTUAL DE LA COOPERACIÓN

Complementamos el análisis comparativo de A. Baudrit[74] «Trabajo colaborativo/trabajo cooperativo» extendiéndolo al conjunto de variantes de la cooperación entre iguales.

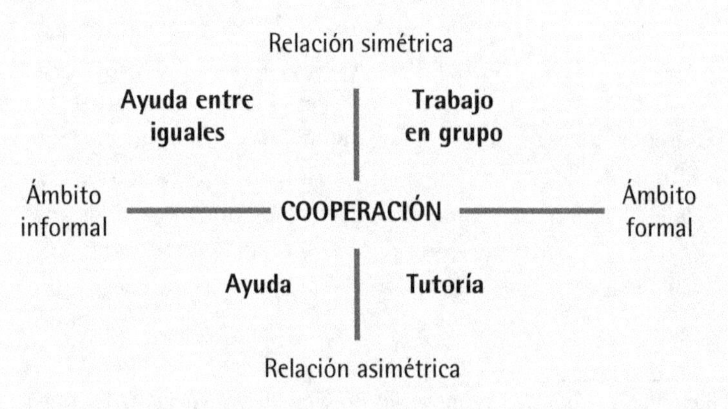

---

[73] Baudrit, A., *Le tutorat, richesse d'une méthode pédagogique*, op. cit.
[74] Baudrit, A., *Le tutorat, richesse d'une méthode pédagogique*, op. cit., p.127.

Criterios distintivos	Ayuda	Tutoría	Ayuda entre iguales (aprendizaje colaborativo)	Trabajo en grupo (aprendizaje cooperativo)
Relación con el saber	Asimétrica	Asimétrica	Simétrica	Simétrica
Iniciador de la situación	El alumnado	El docente y el alumnado	El alumnado	El docente
Intercambios e interacciones	No estructurados (según la iniciativa de alumnos que sientan la necesidad de ser ayudados)	Estructurados (a partir de los parámetros fijados por la formación inicial)	No estructurados (intercambio, puesta en común de los saberes)	Estructurados (principio de interdependencia)
Control del docente	Poco (autonomía del alumnado)	Interacciona con los tutores en caso de mal funcionamiento	Poco (autonomía del alumnado)	Efectivo (observación de grupos)
Responsabilización del alumnado	Poca debido a la ausencia de acuerdo	Obligada debido al compromiso de pedir ayuda en caso de bloqueo	Imprevisible (según la voluntad de cada uno)	Garantizada por la interdependencia
Igualdad entre el alumnado	Según la iniciativa del alumnado	La persona tutorizada sale del bloqueo, la tutora es la más valorada y la que realiza una mayor actividad cognitiva	Improbable (los grupos se organizan libremente)	Imposible (carácter heterogéneo de los grupos)
Roles desempeñados por el alumnado	Riesgo de alterar la actividad	Riesgo de etiquetas	Riesgo de fragmentación	Riesgo de especialización
Objetivos de aprendizaje	Conocimientos escolares relacionados con las tareas establecidas	Conocimientos escolares (tutorizados) y habilidades de transmisión cognitiva (tutores)	Conocimientos no fundamentales: espíritu crítico, razonamiento, descubrimiento colectivo	Conocimientos fundamentales relacionados con las distintas actividades escolares

2 ¿Cómo organizar el trabajo en grupo y la ayuda entre iguales?

«UN frío día de invierno, los erizos de una manada se apretaron unos contra otros para darse calor entre ellos y así protegerse del frío. Pero al hacerlo se hirieron con las púas y no tardaron en volver a separarse. Como el frío persistía, se vieron obligados a acercarse otra vez y, al hacerlo, una vez más notaron los desagradables pinchazos de las púas, y este ir y venir duró hasta que hallaron una distancia media que los protegía de ambos males.» (Arthur Schopenhauer, *Parerga y paralipomena,* Valdemar, 2009.)

El trabajo en grupo y la ayuda entre iguales son especialmente adecuados si se pretende acompañar a escolares para que confronten opiniones y aprendan de los conflictos. Pero, por desgracia, no basta con agrupar a los estudiantes alrededor de una misma mesa para conseguir un resultado satisfactorio... Ponerlos en una situación en la que deban trabajar con los demás y darles una tarea conjunta no garantiza en absoluto que desarrollen comportamientos cooperativos.[75] Se han identificado algunas limitaciones.

---

[75] Crook, C., «On Resourcing a Concern for Collaboration Within Peer Interactions», *Cognition and Instruction,* n.° 13 (4), 1995, p. 541-54.

LAS LIMITACIONES DE LA AYUDA ENTRE IGUALES Y EL TRABAJO EN GRUPO

Organizar el trabajo en grupo significa dar al alumnado la posibilidad de confrontar sus representaciones, de producir de una manera más eficaz o de unir sus competencias para ser más fuertes ante un obstáculo común. No obstante, existen riesgos y desviaciones importantes que pueden alterar el impacto pedagógico de tales situaciones:

1. **Desviación temporal:** que el trabajo en grupo y su aprovechamiento duren demasiado, de manera que no quede suficiente tiempo para otro tipo de situaciones didácticas o pedagógicas.

2. **Estancamiento en lo afectivo y lo emocional:**[76] «Si no estás conmigo, estás contra mí». «El grupo se queda cautivado por las vivencias emocionales. Se muestra tan preocupado por el bienestar de sus miembros que se vuelve indiferente ante cualquier otro aspecto.»[77] Ahora bien, un «consenso de complacencia»,[78] en el que los estudiantes se posicionan sistemáticamente tras los más influyentes para evitar las controversias, hace que el trabajo en grupo no sea eficaz.

---

[76] Curchod-Ruedi, D., Doudin, P.-A., *Comment soutenir les enseignants face aux situations complexes?* De Boeck, Bruselas, 2015.
[77] 7Barlow, M., *op. cit.*, p.62.
[78] Hugon, M.-A., *op. cit.*

3. **Demasiado desorden en la clase,** demasiado ruido, lo suficiente como para dificultar la concentración de los estudiantes. «Ciertamente existe un vínculo entre el rendimiento escolar y el orden en clase. Lo recuerda la OCDE en base a un estudio de 2009. Este establece una fuerte relación entre los resultados y el ambiente de tranquilidad en clase. De hecho, demuestra que el orden en el aula puede reducir en gran medida las desigualdades en el rendimiento escolar, que mantienen un estrecho vínculo con las desigualdades sociales.»

4. **Asimetría:** solo los estudiantes más competentes se involucran en la actividad intelectual que se les pide y los demás se ocupan, en el mejor de los casos, de actividades cognitivamente subalternas. Jean-Pierre Lepri[79] explica que la fuerza medida en una cuerda que está siendo tirada por diez personas es inferior a la suma de fuerzas que puede producir cada persona a nivel individual. De ello se desprende que, a veces, el resultado del trabajo en grupo puede ser menor que la suma de competencias individuales y que las personas no siempre se implican con todo su potencial cuando trabajan con otras, algunas se relajan. «No saben trabajar en grupo. Hay uno que trabaja y los demás esperan a copiar sus resultados. Lo ven como una ocasión para divertirse y no para trabajar. Al contrario, también hay

---

[79] En Connac, Fontdecaba, *op. cit.*

alumnos que rechazan trabajar en grupo.»[80] P. Meirieu señala que la principal desviación de las prácticas que pretenden ser cooperativas pero que no son llevadas a cabo correctamente es la división del trabajo: el alumnado reproduce lo que ya sabe hacer, se corroboran las desigualdades culturales o sociales existentes y no aprende demasiado.

5. **Primarización:** el alumnado confunde tarea (realización material) y actividad (la actividad cognitiva centrada en los aprendizajes). Según Léontiev (1975), la tarea se define como un objetivo con unas condiciones determinadas, esto es, lo que se debe realizar. La actividad, en cambio, es la manera que tiene un sujeto de apropiarse de la tarea y efectuarla. Una ejecución satisfactoria de la tarea no depende únicamente del contenido objetivo de esta, sino ante todo del motivo que incita a la persona a actuar o, dicho de otra forma, del sentido tiene para ella la actividad. Por consiguiente, si la actividad se centra en una ejecución de las tareas desconectada de la cognición que se desea (o con una cognición subalterna), no se darán los aprendizajes previstos. Así, estos estudiantes tendrán un déficit de secundarización,[81] proceso que consiste en detectar, tras las consignas escolares, lo que se

---

[80] *Les Cahiers pédagogiques* n.° 424, p. 12.

[81] Bautier, E., Goigoux, R., «Difficultés d'apprentissage, processus de secondarisation et pratiques enseignantes: une hypothèse relationnelle», *Revue française de pédagogie*, n.° 148, 2004, p. 89-100.

espera del sujeto y los aprendizajes previstos (que, en ocasiones, son implícitos y, por lo tanto, no se han formulado).

A partir de los trabajos de Roger Cousinet, P. Meirieu presenta una síntesis de estas limitaciones. Existen dos desviaciones importantes que afectan al trabajo libre por grupos. En primer lugar, la desviación asociativa, que consiste en la negación del proyecto y el ejercicio de la dominación por parte de una asociación de alumnos contra un chivo expiatorio. En segundo lugar, la desviación productiva, que da importancia al proyecto a través de una división del trabajo entre creadores, ejecutantes y sujetos desempleados: esto es, mejor dejar al alumnado que haga lo que ya sabe hacer puesto que resulta muy práctico y más fácil de organizar que una verdadera cooperación. Estas dos desviaciones acaban situando los aprendizajes deseados en un segundo plano. Así pues, es responsabilidad del equipo docente fomentar una actividad intelectual que sea útil para los estudiantes y que los lleve a trabajar con los demás. Los trabajos en grupo se centran menos «en el proyecto en sí que en la contribución que hace cada uno para llevarlo a cabo, puesto que es en este proceso donde realmente se hacen adquisiciones».[82]

---

[82] Meirieu, P., *op. cit.*, p.14.

El objetivo de permitir que los estudiantes trabajen juntos en torno a una directriz que les dé el docente (trabajo en grupo) o que escojan ellos (ayuda entre iguales) no es la rentabilidad, algo que innegablemente supondría una fuente de estrés para mucha gente. Se trata más bien de instar al alumnado a una movilización cognitiva, de invitarlo a que tire conjuntamente de una misma cuerda, la de su aprendizaje. Así, en el trabajo en pequeños grupos:

- Cada estudiante puede comunicarse con sus colegas más fácilmente que en un grupo grande.
- El equipo docente está más disponible para intervenir a nivel individual o con pequeños grupos de estudiantes y, de esta manera, las relaciones pedagógicas ganan en calidad.
- Se favorece la actividad entre estudiantes: en vez de presenciar demostraciones por parte del docente, son ellos los que las realizarán y experimentarán directamente; están en acción, hecho que, junto con la reflexividad, mejora la cognición.
- El alumnado se enfrenta a un trabajo complejo que requiere interacciones y que resulta complicado gestionar individualmente o en grupos grandes.
- El trabajo conjunto activa los beneficios de la inteligencia colectiva: una persona no tiene que llevar sola la carga que supone una dificultad, sino que puede beneficiarse

de las experiencias, los conocimientos y las habilidades de otras, hecho que contribuye a la construcción de conocimientos individuales.

Mediante la práctica del trabajo en grupo, se desarrollan de manera progresiva numerosas habilidades:

- La autoafirmación: dar un punto de vista, hacer propuestas, argumentar.
- El lenguaje: la esencia del trabajo en grupo es transmitir las propias opiniones: «el alumno es capaz de modificar su conducta y sus opiniones para conseguir comunicarse».[83]
- La escucha: aprender a escuchar sin interrumpir a los demás.
- La escucha empática: lograr ponerse en el lugar del otro para tratar de responder a sus peticiones.
- La formulación de preguntas: hacer preguntas, pedir explicaciones para entender lo que aportan los compañeros y compañeras.
- La ayuda entre iguales y la solidaridad: poner en común las competencias de cada cual para que estén al servicio de una mayor sensibilización hacia la vulnerabilidad.

____

[83] *Ibid.*, p.16.

- La democracia: participar en la organización de la vida cooperativa de la clase o del grupo al que se pertenece.
- La responsabilidad: encargarse, de manera individual o en conjunto, de una tarea de grupo, particularmente para considerar a la otra persona, con sus diferencias, como una igual, merecedora de tanta dignidad como una misma.

El principal objetivo didáctico del trabajo en grupo es guiar al alumnado para que pase de un estado de incompetencia inconsciente («yo no sé que no sé») a un estado de incompetencia consciente («yo sé que no sé»). En un momento así, desagradable a nivel emocional, a menudo aparece o bien un anhelo de elusión (en este caso, la interdependencia cooperativa puede ofrecer una respuesta que inste al estudiante a evitarlo) o bien el deseo de aprender para compensar la necesidad de saber. De esta manera, el trabajo en grupo organizado en torno a una situación-problema tiene como objetivo promover el planteamiento de preguntas. La síntesis de los intercambios o las aportaciones de la docencia actúan como respuestas a las preguntas que se plantea el alumnado, hecho que, a nivel cognitivo, resulta sumamente eficaz (véase a este respecto el concepto de *insight*).

Ciertamente, el trabajo en grupo es menos apropiado en términos de memorización, pero resulta adecuado para la comprensión, que es el primer proceso del acto de aprender. Así lo destacan los trabajos de metaanálisis de Marion y Thorley:[84] el grupo inhibe las técnicas de memorización del alumnado (puesto que las intervenciones de los compañeros no siempre se adecuan a lo que nos ayuda a retener mejor), pero genera una emulación interindividual. Al trabajar en grupo, los escolares reactivan los conocimientos que tal vez habían olvidado, y eso les permite combinarlos mejor con otros aportados por los compañeros y acceder así a niveles de concienciación más elevados. Estos trabajos también señalan que el rendimiento de un grupo pequeño mejora cuando las confrontaciones de ideas entre los escolares son más cooperativas que competitivas.

LOS DISTINTOS TIPOS DE GRUPOS DE APRENDIZAJES[85]

En pedagogía, los grupos se pueden crear a partir de criterios específicos y según los distintos objetivos, lógicas y efectos. El cuadro que figura a continuación tiene como objetivo presentar una lista variada de estos grupos y especificar las intenciones y las precauciones que definen a cada uno de ellos. Por ejemplo, no se crean de la misma manera grupos para propiciar el conflicto sociocognitivo que para organizar un proyecto.

---

[84] Marion, S., Thorley, C., «A Meta-Analytic Review of Collaborative Inhibition and Postcollaborative Memory: Testing the Predictions of the Retrieval Strategy Disruption Hypothesis», *Psychological Bulletin*, n.° 142/12, 2016, p. 1141-1164.
[85] A partir del trabajo de Astolfi, J.-P., *L'école pour apprendre*, Issy-les-Moulineaux, ESF Éditeur, 1991.

	Grupos de descubrimiento	Grupos de confrontación	Grupos de evaluación interna	Grupos de asimilación
Objetivo	Permitir que cada grupo ahonde en un aspecto de un tema, a partir de un problema colectivo de la clase	Organizar la confrontación de puntos de vista que sean distintos inicialmente para que puedan ir más allá	Utilizar otras lecturas para que salgan a la luz los puntos débiles de un trabajo y facilitar su mejora	Dejar tiempo a los grupos para que reformulen, con sus propias palabras, algún concepto que se ha presentado anteriormente
Lógica de funcionamiento	Lógica del proyecto	Lógica del conflicto sociocognitivo	Lógica de la comunicación	Lógica de la reformulación
Aspectos que hay que regular	Asegurarse de que el objetivo del trabajo no se desvía ante la falta de control	Asegurarse de que cada uno tiene en cuenta las objeciones que los demás le hacen	Asegurarse de que cada uno se esfuerza en entrar en la lógica de lo que está escrito	Asegurarse de que el debate se centra en la temática que se ha decidido
Problema principal	Evitar las síntesis colectivas artificiales y tediosas; organizarlas en función de puntos concretos que sean transversales a los distintos grupos	Crear el grupo de manera que propicie el surgimiento del conflicto intelectual, germen de lo que tendrán que resolver	Vigilar el tipo de críticas que se dan para que no sean demasiado negativas y que no traten de sustituir por completo al autor del trabajo	Conseguir que este sistema funcione con rapidez para retomar la explicación si fuera necesario
Desviación	Desviación productiva	Desviación oposicional	Desviación destructiva	Desviación habladora

	Grupos de preparación mutua	Grupos de necesidad	Grupos de competencias	Grupos de nivel
Objetivo	Facilitar la tarea al alumnado gracias a los recursos colectivos del grupo	Retomar un concepto y profundizar en él, teniendo en cuenta las dificultades concretas	Organizar trayectorias de aprendizajes distintos, según el nivel que se tenga de una competencia específica	Organizar trayectorias de aprendizaje distintas según el nivel global y plural
Lógica de funcionamiento	Lógica del apoyo colectivo	Lógica de la remediación	Lógica de la individualización	Lógica de la selección
Aspectos que hay que regular	Asegurarse de que el intercambio permite que cada uno realice una parte de trabajo individual	Asegurarse del carácter temporal de la agrupación y de que sea posible la movilidad del alumnado	Asegurarse de que sea posible la movilidad del alumnado y de que se creen grupos distintos según las competencias	Asegurarse de que el alumnado identificado como de «nivel bajo» no desarrolle un sentimiento de incompetencia
Problema principal	No sofocar el carácter personal del aprendizaje con la reflexión del grupo; hacer que comprendan que las siguientes fases serán individuales	Construir un momento de evaluación formativa que permita que la distribución de grupos esté basada en criterios concretos	Crear grupos a partir de evaluaciones diagnósticas adecuadas a cada competencia y hacerlos evolucionar a partir de las evaluaciones a lo largo del año	Evitar (cf. El efecto Duru)
Desviación	Desviación perezosa o simbiótica	Desviación selectiva	Desviación segregativa	Desviación elitista o estigmatizadora

CINCO CRITERIOS PARA EL FUNCIONAMIENTO PEDAGÓGICO DEL TRABAJO EN GRUPO

En esta obra, el trabajo en grupo se presenta en el contexto más oportuno, el de las situaciones-problema, esto es, la fase didáctica de confrontación de las representaciones iniciales del alumnado (conflicto sociocognitivo) previa a la institucionalización, a la formalización e incluso a la puesta por escrito.

Presentamos cinco condiciones que permiten reducir las dificultades más comunes.

LA CREACIÓN DE GRUPOS (O DE EQUIPOS)

Es preferible que el grupo tenga un mínimo de tres miembros y un máximo de seis. «Cuanto más numeroso es el grupo, menos satisfechos están los miembros debido a que las dificultades de comunicación aumentan exponencialmente y los participantes tienen menos oportunidades de expresar sus puntos de vista por igual.» (Mucchielli, 2007, p. 43.) Además, cuanto mayor sea el grupo, más riesgos hay de que algunas personas se queden al margen y se creen problemas interpersonales. En cambio, un binomio o un trinomio pueden generar intercambios muy pobres en cuanto a diversidad. Por eso R. Mucchielli recomienda que los grupos sean de cuatro a seis miembros.

La creación de grupos busca asociar estudiantes que sean lo bastante parecidos, pero a la vez lo bastante diferentes para que puedan enseñarse unos a otros. No obstante, hay un problema pedagógico que todavía está sin resolver: independientemente de cómo se organicen, tanto si los grupos se han creado por afinidades o los ha formado el docente, tanto si son homogéneos como si son heterogéneos, siempre habrá ventajas y desventajas (Howden, Rouiller, 2009, p.173). El problema sería concluir que resulta imposible que el alumnado trabaje en grupo. Lo que hay que hacer es identificar los problemas y contrarrestarlos compensando las deficiencias junto con ellos.

Aun así, existen distintas vías posibles para crear los grupos, según los objetivos que se persigan:

- Crear grupos de necesidad: tenderán hacia una cierta homogeneidad. Se pueden crear a partir de evaluaciones formativas (o diagnósticas). Si el objetivo es que se den intercambios y suscitar la confrontación, el docente los orientará hacia un mayor grado de heterogeneidad.

- Dejar que el alumnado se agrupe por afinidades: los malentendidos serán casi inexistentes, pero existe el riesgo de que el trabajo se vea entorpecido por el entretenimiento. Además, algunos escolares podrían quedarse al margen (o agrupados a la fuerza con otros que también se han quedado solos). Este grupo podría desestabilizar toda la clase. ¡Sería algo así como «el grupo de la muerte»!

- Agrupar al alumnado en función de criterios concretos (carácter mixto, homogeneidad o heterogeneidad en cuanto al nivel o en cuanto a las edades): se centra más en la actividad escolar pero hay más riesgos de desacuerdo y protestas públicas. Para formar estos grupos, la pedagogía institucional ha introducido una práctica de creación de grupos o equipos a través de sociogramas. Stéphane Côté ofrece una aplicación que facilita esta tarea: http://www.stephanecote.org/2014/09/04/outil-du-sociogramme/.

- Al azar, como se formaba la Boulé, considerada por Clístenes como una de las dos asambleas de la democracia ateniense. Por ejemplo, utilizando una baraja de cartas. Cada estudiante saca una (o se distribuye aleatoriamente una para cada uno) y de esta manera encuentra a sus compañeros de equipo o su binomio. Así, la jota de picas se junta con la jota de tréboles. Esta opción parece satisfacer al alumnado, ya que no se siente atado a un grupo durante mucho tiempo y solo puede culpar al azar de su formación. Platón ya señalaba en *La República* que el sorteo es la elección de los dioses.

- Utilizar un material específico para formar los grupos de manera aleatoria, como «el reloj de la cooperación» que aparece en la guía de la docencia de la agenda cooperativa de la OCCE (Office Central de la Coopération à l'École). Cada estudiante tiene que concertar una cita con el resto de la clase. Por ejemplo, «a las dos». Pierre escribe el nombre de Cindy en su reloj y Cindy escribe el de Pierre en el suyo. «Fija citas con los compañeros de la clase a distintas horas del reloj. Cuidado, no puedes tener dos citas con la misma persona.» Podrán tener doce citas como máximo (puesto que solo hay doce horas en la esfera de un reloj). Ya están listos todos los binomios y, además, consentidos por parte de la clase. Ahora solo hace falta que el docente diga: «encontraos con vuestra cita de las dos».

El trabajo en grupo también puede presentarse como una alternativa, igual que la de trabajar solo. Si el alumnado que no participa en un grupo trabaja rigurosamente y con respeto, resulta una opción interesante tanto para él como para la clase y el docente. No obstante, si pide ayuda alguien que ha escogido trabajar solo, habrá que recordarle cuál ha sido su elección. Es una vía pedagógica que puede llevar al escolar a detectar las ventajas (y las obligaciones) de trabajar en grupo. La cooperación se considera un tipo de organización que mejora los procesos de aprendizaje. Sin embargo, no es posible imponerla a quienes no están de acuerdo. En cambio, la frustración de no poder aprovecharse de los beneficios que aportan las interrelaciones puede llevarlos a aceptar la actuación colaborativa.

LA PRESENTACIÓN DE LA DIRECTRIZ DE TRABAJO

Para que surja la interdependencia en el seno de los grupos de trabajo, la directriz que se da al alumnado debe cumplir dos criterios:

1. Quienes participan deben tener interés en el intercambio con los demás (si no es así, conviene que quienes lo pidan tengan la posibilidad de trabajar individualmente).
2. El material que se distribuye debe favorecer la actividad intelectual y la participación de todo el alumnado (para evitar que alguien acabe dedicándose a actividades subalternas, esperando a que los demás hagan el

trabajo o alterando el ambiente de trabajo de la clase por aburrimiento o desinterés).

Para que no se dé la situación referida en este segundo punto, la movilización del alumnado debe construirse en la medida de lo posible sobre una base de producción individual (más que de producción en grupo). Así, no es conveniente guiarlo hacia un reparto de tareas que especialice a cada miembro en una actividad y que no permita que vea la globalidad y la complejidad del problema.

Una vez que la directriz se ha adaptado al trabajo en grupo, hay que centrarse en la importancia de su presentación. «¿Me atreveré a exponer aquí la regla más grande, importante y útil de la educación? No se trata de ganar tiempo, se trata de perderlo.»[86] Dedicar tiempo a la presentación de la directriz significa asegurarse de que el alumnado la haya interiorizado cuando le toque actuar autónomamente. El enunciado de la directriz debe construirse en base a tres elementos: términos unívocos, verbos de acción y criterios de éxito. A continuación, el objetivo consiste en asegurarse de que no se empiece jamás un trabajo en grupo si no se tiene la certeza de que se domina la directriz. Las siguientes etapas garantizan que así sea:

- Una vez se tiene la atención de la clase, anunciar la directriz y justificarla (para explicitar los aprendizajes en

---

[86] Rousseau, J.-J., *Émile ou De l'éducation* Livre II (1762), París, Garnier Flammarion, p. 112.

juego y aclarar que es necesaria la confrontación de ideas, propia del trabajo en grupo).

- Presentarla oralmente y por escrito (en la pizarra, en el soporte de trabajo...), para que se pueda consultar tantas veces como se necesite.
- Especificar la duración del trabajo.
- Responder a las preguntas del alumnado.
- Pedir a uno o dos voluntarios que la reformulen para asegurarse de que la comprensión es compartida.
- Completarla en caso de que fuera necesario,

LAS ETAPAS DE TRABAJO EN GRUPO

Primera etapa: un tiempo no muy largo de reflexión individual (en silencio, sin interacción) para que cada uno intente ejecutar la directriz por sus propios medios y para que surjan estrategias y preguntas, de manera que todos tengan algo que aportar al grupo. Este requisito previo de carácter individual ayuda a que el alumnado escuche las opiniones de los demás, ya que se empieza el trabajo en grupo con algo que aportar. «El abordaje individual previo permite que cada participante tenga contenido para aportar al grupo, garantía de la comunicación entre iguales.»[87]

Segunda etapa: un tiempo dedicado al trabajo en grupo (tras la asignación de funciones no fijas en el tiempo) en un

---

[87] Manil, G., *op. cit.*, p. 24.

marco con unas normas concretas que implican al conjunto de la clase:

- Deben hacerse preguntas y tratar de responderlas: no solo los más aventajados.
- Deben aprender: no estar de acuerdo es interesante.
- Deben sentirse seguros: cometer errores no es pecado (no hay que burlarse).
- Pueden dar su opinión: los intercambios empiezan con una ronda de intervenciones.
- Deben respetar la concentración de los demás: hay que hablar con un tono de voz bajo.
- Deben progresar: no tiene que haber competición entre los grupos.

Tercera etapa: un tiempo breve para la síntesis (solo si es absolutamente necesaria) a partir de la presentación que hace el estudiante que ocupa de la secretaría de cada grupo (no es necesario que lo hagan todos) y de la opinión del docente. El primero solo dispone de un minuto para presentar su resumen y no debe repetir ideas que se hayan expresado anteriormente.

Cuarta etapa: una síntesis y una conclusión formal a partir del trabajo previamente realizado por los grupos y aportando respuestas al problema que se ha estudiado.

Quinta etapa: una evaluación interna del funcionamiento de cada grupo (cumplimiento de la directriz, implicación en las funciones, utilidad para los aprendizajes individuales...) con vistas a optimizar las futuras situaciones de grupo para

el desarrollo de «buenos» hábitos de trabajo. Esto corresponde a la fase de reflexión crítica: «¿Qué ha sido útil?», «¿Qué
se prevé de cara a futuras situaciones?». Las indicaciones del
docente contribuyen a enriquecer la experiencia del alumnado, por ejemplo, cuando señala que el reparto de tareas en el
seno de un grupo no responde a los objetivos de esta manera
de trabajar. A continuación, tomamos prestados materiales de
autoevaluación presentados por M. Barlow.

La tabla de evaluación

Para cruzar autoevaluaciones individuales.

El trabajo en grupo ha sido útil si:

- He podido aportar mis ideas
- He descubierto nuevas ideas
- He sabido escuchar a los demás
- Mis ideas han evolucionado
- Tengo la impresión de haber aprendido

...

	Agradable				
Útil	51	52	53	54	55
	41	42	43	44	45
	31	32	33	34	35
	21	22	23	24	25
	11	12	13	14	15

El trabajo en grupo ha sido agradable si:

- Lo he disfrutado
- Me siento más motivado
- No ha habido demasiado ruido
- No ha habido discusiones con los demás
- He podido dar mi opinión

...

Desarrollo:

1. Cada alumno escoge un valor: el 41 si considera que el trabajo ha sido eficaz pero desagradable; el valor 54 si cree que ha sido útil y agradable; el 15 si le ha parecido agradable pero inútil...
2. Cada alumno dibuja una cruz en la tabla. Algunos voluntarios comparten su opinión.

La tela de araña

Para realizar una autoevaluación dentro de cada grupo.

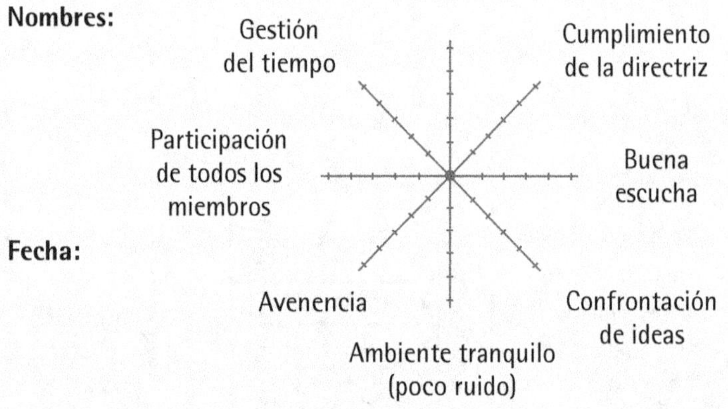

Desarrollo:

1. Cada grupo recibe un gráfico en blanco.
2. Todos los alumnos se posicionan escogiendo un valor del uno al cinco en cada una de las ocho líneas: 1 (gran insatisfacción) y 5 (gran satisfacción).

3. Un miembro del grupo une las líneas.

4. Se pueden comparar las telas de arañas: cada grupo puede comparar su gráfico con los de los demás grupos o con los de su mismo grupo a lo largo del tiempo (para estudiar la evolución de los hábitos).

A continuación, se observa otro tipo de distribución del tiempo en la organización del trabajo en grupo propuesta por R. Pantanella.[88]

Colectivo – Individual – Binomio – TGA – Informes – Evaluación – Clase y síntesis

Inicio   Fin

Situación de aprendizaje	Tiempo	Qué hay que hacer
Colectiva	5 min	Adjudicar las consignas y los enunciados.
Trabajo individual	5 min	Aproximación rápida a los principales problemas de la tarea que habrá que resolver.
Binomio de proximidad	5 min	Mismo trabajo pero de dos en dos
TGA*	15 min	Se distribuye la totalidad de la tarea. Nivel más alto de exigencia.
Devolución/Debate	10 min	Limitar el tiempo de los turnos de palabra y establecer el medio que se utilizará.
Evaluación	5 min	Hacer participar al alumnado. La nota queda reservada para el docente.
Síntesis o clase	15 min	Si es necesario, el docente «da clase», formaliza los conceptos.

* TGA: trabajo en grupos de aprendizaje.

---

[88] *Les Cahiers pédagogiques* n.° 424, p. 49.

- Permitir intercambios únicamente en voz baja.
- En caso de que aumente el volumen, recordar suavemente la obligación de mantener un ambiente tranquilo, por ejemplo, mediante un instrumento musical.

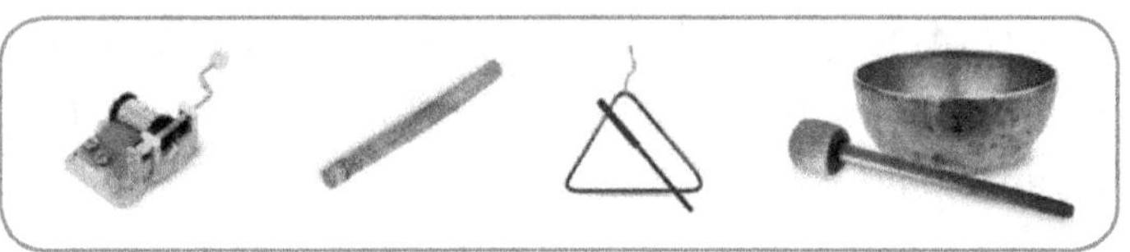

- En caso de incumplimiento, intervenir con avisos individuales (una vez, dos veces).
- Al tercer aviso, el estudiante pierde el derecho a expresarse oralmente (puede comunicarse por escrito).

Otra opción:

- Cada equipo recibe una cartulina verde que permite a sus integrantes hablar en voz baja.
- Si suben demasiado el volumen, reciben una cartulina roja (que entrega el docente). Entonces, ya no pueden seguir hablando y deben comunicarse por escrito.
- La cartulina verde puede recuperarse al cabo de un rato.

LA DISTRIBUCIÓN DE FUNCIONES

Se pueden distribuir seis cartas en cada grupo para que el alumnado se reparta las funciones, por ejemplo, de manera aleatoria.

Controlar el tiempo.

Designar el turno de palabra.

Secretaría.

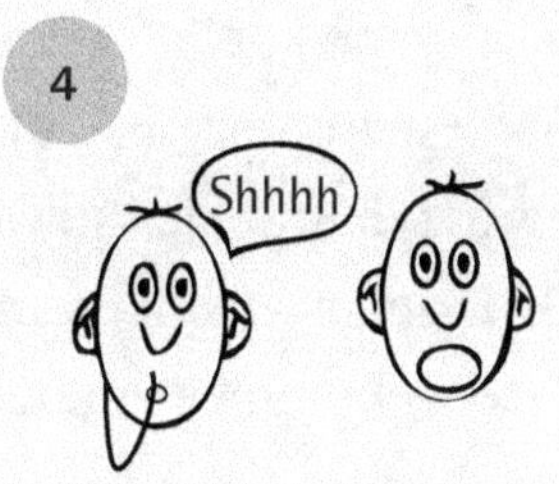

Responsable del ambiente
de tranquilidad

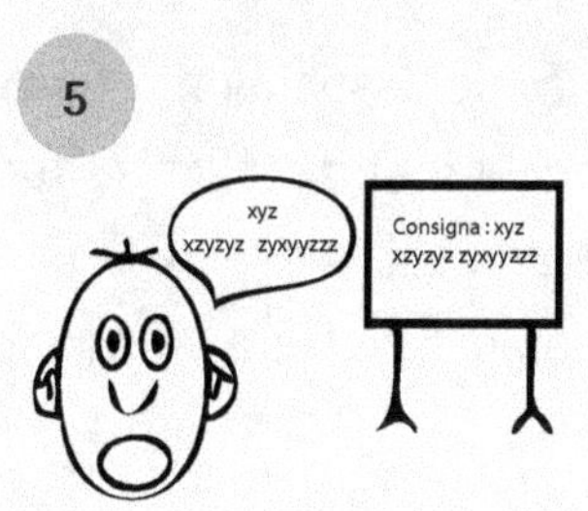

Responsable de la directriz.

Responsable del material.

1. Controlar el tiempo (recordar el tiempo que queda para ejecutar la directriz); puede utilizarse también un cronómetro para esta tarea.
2. Designar el turno de palabra (dar la palabra a cada miembro para evitar que no siempre participen las mismas personas).
3. Secretaría (tomar notas para el resumen del trabajo en grupo).
4. Responsable del ambiente de tranquilidad (recordar la necesidad de un ambiente de tranquilidad y la obligación de hablar en voz baja).
5. Responsable de la directriz (recordar y explicar la directriz de trabajo indicada por el docente).
6. Responsable del material (traer el material, distribuirlo en el momento adecuado, recogerlo al final de la sesión).

Existen otros modelos de funciones, entre ellos el de Rémi Massé, llamado los «islotes permutados»:[89]

- El reportero: elabora un balance del trabajo en grupo.
- El mánager: vela por que todo el mundo realice su función y puede reemplazar cualquier rol.
- El investigador: utiliza la tecnología, redacta y organiza las ideas.

---

[89] http://flipmusiclab.fr/les-ilots-permutes/

- El guardián del tiempo.
- El vigilante: puede criticar una estrategia y proponer nuevas direcciones.

O también el que propone @masterlazz:

- Simone de Beauvoir: pone por escrito el trabajo del grupo.
- Bernard Pivot: revisa la ortografía y las conjugaciones, y detecta las repeticiones.
- Beethoven: recuerda las directrices, se encarga de que todos tengan su turno de palabra, de que los miembros se entiendan, del volumen.
- Salvador Dalí: controla la hora y recuerda el tiempo que queda.
- Jean Jaurès: comunica oralmente el trabajo que ha realizado el grupo.

Estas funciones no son las actividades principales. Simplemente son responsabilidades funcionales que contribuyen a que el trabajo entre varias personas tenga un carácter democrático. Por ello algunos docentes asignan de manera sistemática (al menos al principio) una segunda función al alumnado además de las citadas anteriormente: la de «participante», para recordar de manera simbólica que lo que se les pide es que se hagan preguntas acerca del problema que se está abordando.

Además, para evitar que el alumnado se apropie siempre de las funciones más atrayentes a nivel intelectual, Anton

Makarenko proponía, en su colonia Gorki, una rotación de roles y de tareas para contribuir de común acuerdo al desarrollo de cada persona y a la solidaridad entre todas.

En las primeras sesiones, el alumnado muestra cierta inseguridad al ejecutar algunas funciones. Por ejemplo: «Con una clase de segundo de la ESO tuve la impresión de que la función de secretaría parecía cohibir a los alumnos cuando tenían que hacer la síntesis de la actividad. Algunos secretarios no sabían cómo presentar las cosas y otros alumnos evitaban intervenir puesto que no era su rol. Además, me costó que entendieran que podían tenerlo por escrito». Así pues, es importante dedicar un tiempo de adaptación a este tipo de organización del trabajo para que se acostumbren a los nuevos hábitos, se orienten y, sobre todo, para que comprendan la utilidad de cada función. Todo este dispositivo requiere unas semanas para consolidarse. Cuando un estudiante no hace bien el resumen de su grupo, la siguiente vez sentirá la necesidad de ser más riguroso en la ejecución de esta función. Es en la última etapa, la del balance, donde hay que guiar al alumnado para que exprese este tipo de aspiraciones y conseguir de este modo que sea más eficaz las próximas veces.

3 ¿Cómo organizar la ayuda y la tutoría?

REGUNTARON a un filósofo sobre la diferencia entre el infierno y el paraíso. Este reflexionó y después contestó: «Imagínese una gran mesa llena de comensales. Imagine que cada uno tiene delante de él un plato con deliciosos manjares. Y ahora imagine que para comer tienen que usar unos palillos muy largos. No podrían alimentarse. Al final, todo el mundo moriría de hambre. Esto es el infierno. Ahora, imagínese la misma mesa, con los mismos comensales, los mismos platos y los mismos palillos, pero ahora todos los utilizan para darle de comer a la persona que tienen delante. Esto es el paraíso».

(Basado en un cuento chino de Miquel Piquemal en *Las filofábulas para aprender a convivir*, Oniro.)

EFECTOS Y LIMITACIONES DE LA AYUDA Y LA TUTORÍA

La ayuda y la tutoría son prácticas cooperativas especialmente útiles cuando se trata de guiar al alumnado para que acabe trabajando con sus propios recursos. Por ejemplo, cuando hay que practicar algo para desarrollar automatismos (memorizar).

Esta paradoja se debe a que, en estos casos, la cooperación representa un recurso para alcanzar la autonomía; las personas jóvenes que se bloquean ante obstáculos que no pueden resolver solas no se ven condenadas al aburrimiento, sino que pueden solicitar ayuda a sus colegas para obtener alguna información que les falte y, más tarde, poder responder a su vez a las preguntas que las demás les hagan.

Algunos autores e investigaciones destacan los beneficios de la tutoría en el aprendizaje. Se considera una práctica que beneficia al tutor igual o incluso más que a la persona tutorizada y ofrece múltiples ventajas para ambos. En efecto, más allá de su función obvia, esto es, la adquisición y el refuerzo de aprendizajes, la tutoría también favorece que los dos estudiantes de esta díada se desarrollen a nivel personal y social, es decir, fomenta la emancipación educativa y la responsabilización. J. Lecomte[90] explica que no solo experimentamos satisfacción cuando cooperamos sino también cuando los demás cooperan con nosotros. Cooperar estimula las zonas del cerebro de la recompensa, hecho que en la competición queda reservado únicamente para quienes ganan.

De acuerdo con O. Houdé y F. Winnykamen,[91] «está más que demostrado el papel que tiene la interacción entre iguales con un nivel de desarrollo distinto o similar en la adquisición de nociones: el trabajo a dos, en determinadas

---

[90] Lecomte, J., *op. cit.*

[91] Houdé, O., Winnykamen, F., «Les apprentissages cognitifs individuels et interindividuels», *Revue française de pédagogie*, n.° 98, 1992, p. 83-103.

condiciones, permite que todos progresen más de lo que lo harían trabajando a solas» (p. 94). Vigotski ya había defendido y desarrollado esta idea en sus trabajos. Consideraba que el conocimiento se construía a partir de las interacciones entre el alumnado; los más experimentados transmiten su saber y sus herramientas a los novicios. La persona que actúa como guía puede perfectamente ser otro escolar.[92] Cooper[93] llegó a la misma conclusión: los estudiantes que cooperan obtienen mejores resultados tanto a nivel de aprendizaje de conceptos como en lo que respecta al procedimiento. En este contexto, la tutoría constituye una herramienta pedagógica, una oportunidad de aprender que permite construir conocimientos y habilidades tanto a la persona tutorizada como a la tutora. Al solicitar ayuda, la persona tutorizada trabaja los mecanismos de comprensión (crea un nexo con sus conocimientos previos) mientras que la tutora, al responder a la petición, trabaja los mecanismos de transmisión (aplica los saberes adquiridos en nuevos contextos).

Según A. Baudrit,[94] la tutoría presenta cuatro aspectos que propician la comprensión por parte de la persona tutorizada:

---

[92] Buchs, C., *L'interdépendance des ressources dans les dispositifs d'apprentissage entre pairs: menace des compétences et dépendance informationnelle*, tesis doctoral de Psicología Social y Experimental, Grenoble, Universidad Pierre-Mendès-France, 2002.

[93] Cooper, M., «Classroom choices from a cognitive perspective on peer learning», en O'Donnell, A., King, A., (dir.), *Cognitive perspectives on peer learning*, Mahwah, Lawrence Erlbaum Associates, 1999, p. 215-233.

[94] Baudrit, A., *Le tutorat, richesse d'une méthode pédagogique, op. cit.*

- Una mayor posibilidad de desbloqueo.
- La rectificación inmediata de respuestas erróneas.
- El refuerzo de respuestas correctas.
- La confianza en sí misma gracias al ánimo que infunden los compañeros (alivio de la ansiedad).

El tutor todavía se beneficia más de las ventajas de la tutoría. Este fenómeno recibe el nombre de «efecto tutor».

Allen y Feldman[95] sostienen que es justamente el aspecto social de la tutoría lo que contribuye al progreso del tutor, puesto que le resulta más interesante ayudar a otro escolar que estudiar solo. Es beneficiosa para el tutor ya que la trasmisión de conocimiento le genera un refuerzo cognitivo. En primer lugar, se ve obligado a reactivar conocimientos y competencias que ya había adquirido anteriormente (proceso de recuperación que refuerza las conexiones neuronales). Luego, debe encontrar las palabras para expresar lo que ha construido mentalmente (pasar del pensamiento al lenguaje, hecho que consolida el aprendizaje). Después, tiene que hacerse entender y trabajar la comunicación (uso de *feedbacks* y herramientas de distintos tipos, y mejora y variación de las estrategias). Por último, puede verse obligado a construirse nuevas estrategias de apropiación de aprendizajes (cuando la persona tutorizada no entiende algo, la tutora diversifica sus explicaciones, creando

---

[95] Allen, V., Feldman, R., «Learning through tutoring: Low-achieving children as tutors», *Journal of Experimental Education*, n.° 42, 1973, p. 1-5.

nuevas conexiones).[96] Así, mientras que el que da su dinero se empobrece, el que comparte saber se enriquece (y, lo que es mejor, sin privar de beneficios al que lo recibe).

LA TUTORÍA

Efectos positivos

Para un grupo

Aumento del tiempo de exposición a los aprendizajes
Adquisición y refuerzo de los aprendizajes
Emancipación educativa y responsabilización
Satisfacción

Para el tutorizado

Desbloqueo
Desarrollo de la comprensión
Corrección rápida de los errores
Refuerzo de las respuestas correctas
Recepción de ánimos y desarrollo de confianza en uno mismo

Para el tutor («efecto tutor»)

Motivación por utilizar sus conocimientos con el objetivo de ayudar
Desarrollo de la capacidad de transmisión de conocimientos (refuerzo cognitivo)
Movilización de los aprendizajes (evita olvidar)
Hallazgo de palabras para expresar los conocimientos (pasar del pensamiento al lenguaje)
Diversificación de las estrategias de aprendizaje

Riesgos y limitaciones

Para un grupo

Jerarquía cognitiva entre el alumnado
Mala percepción por parte de observadores externos (libertad del alumnado y postura del docente)

Para la persona tutorizada

Pasividad - dependencia de la tutora - asistencialismo
Sentimiento de incompetencia
Informaciones erróneas o ayudas no pertinentes
Sentimiento de subordinación o de relación simbiótica

Para la persona tutora («efecto tutor»)

Sobreandamiaje, al desvelar demasiado o hacer el trabajo del otro en su lugar
Pérdida de tiempo
Anticipación de la ayuda

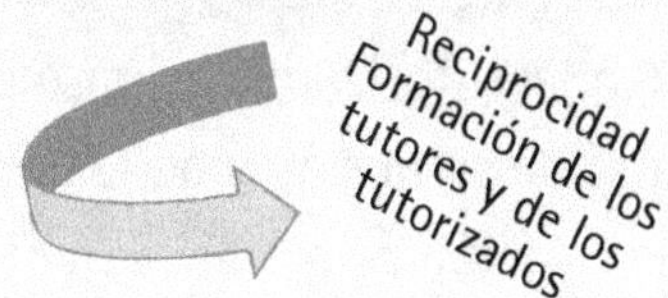

---

[96] Connac, S., *La personnalisation des apprentissages, op. cit.*

Es legítimo creer que si las personas tutoras y las tutorizadas construyen aprendizajes duraderos por medio de la tutoría, es también por el aumento del «tiempo de exposición a los aprendizajes»[97] que propicia este método. La exposición duradera a los aprendizajes por parte del alumnado junto con una buena organización de la ayuda en el trabajo personal son factores determinantes para el éxito. Tanto para el tutor como para la persona tutorizada, la tutoría evita el aburrimiento y permite aprovechar el tiempo, esto es, que el alumnado esté realizando actividades de aprendizaje la mayor parte del horario escolar.

Al mismo tiempo, la tutoría tiene algunas limitaciones que hay que tener en cuenta: el lugar que ocupa el tutor, la complejidad de la tarea y la reticencia de las personas que no están concienciadas sobre el concepto de la tutoría en la clase.

A. Baudrit[98] señala que la distancia social que genera la tutoría podría producir una jerarquía cognitiva entre los escolares. También podrían cuestionarse las competencias de los tutores: confiar esta función a un estudiante que no tenga las competencias adecuadas podría representar un riesgo para la persona tutorizada. Asimismo, algunos tutores podrían desviarse de su misión y ocupar el lugar del docente, instaurando una relación piramidal con el alumno tutorizado.

---

[97] Bressoux, P., «Les recherches sur les effets-écoles et les effets-maitres», *Revue française de pédagogie*, n.º 108, 1994, p. 91-137.
[98] Baudrit, A., *Le tutorat, richesse d'une méthode pédagogique, op. cit.*

En cuanto al lugar del tutor, existen dos riesgos completamente opuestos: el riesgo de que se produzca una dominación por parte de aquel y el de que se creen relaciones simbióticas.[99] Frente a esto, A. Baudrit[100] se ha preguntado si el hecho de anunciar a un estudiante que será tutor de otro puede distorsionar la relación, instaurar una competición entre ambos o hacer que emerjan actitudes de dominación. Para responder a esta pregunta, A. Baudrit se ha basado en un estudio de C. Berzin y sus colegas[101] que muestra que un tutor al que han informado de su rol no tiende necesariamente a dominar a la persona tutorizada sino, en todo caso, a actuar por ella o, como mínimo, a guiarla demasiado, impidiendo que efectúe aprendizajes reales y creándole una dependencia de la tutela. Estos autores señalan que, si no se les informa de su rol, los tutores se mueven con más libertad, menos constreñidos por la repercusión positiva que se espera de ellos y, sobre todo, más capacitados para tener en cuenta las particularidades de sus compañeros. Al parecer, cuanto más se los sitúa dentro de su rol, menos beneficiosa resulta su ayuda para los tutorizados. Sin embargo, Fuchs *et al.*[102] muestran que los tutores que han sido informados de su tarea, y que incluso han sido formados

---

[99] Marchive, *op. cit.*

[100] Baudrit, A., *Le tutorat, richesse d'une méthode pédagogique, op. cit.*

[101] Berzin, C., Cauzinille-Marmerche, E., Winnykamen, F., «Effet du rôle assigné à l'expert dans la résolution en dyade asymétrique d'une tâche de combinatoire», archivos de *Psychologie*, n.° 249, 1996, p. 109-131.

[102] Fuchs, L., Fuchs, D., Bentz, J., Phillips, N., Hamlett, C., «The nature of student interactions during peer tutoring with and without prior training and experience», *American Educational Research Journal*, n.° 31, 1994, p. 75-103.

en su futura función, conocen las dificultades concretas de la persona que tutorizan y saben exactamente en qué punto deben intervenir, así como los tipos de intervenciones y explicaciones que deben poner en práctica. Por consiguiente, parece que los tutores a quienes solo se les ha informado de su rol pero no se los ha formado son los que pierden el tiempo con explicaciones y demostraciones, y corren el riesgo de dominar a su tutorizado, mientras que este sesgo desaparece cuando los tutores han sido informados y formados acerca de su rol.

En cuanto a la tarea, D. Guichard[103] afirma que su naturaleza y su complejidad influyen en la eficacia de la tutoría. Por ejemplo, esta es menos eficaz en tareas de resolución de problemas, puesto que resulta difícil encontrar las palabras para explicitar el procedimiento a seguir, mientras que funciona mejor con las tareas de lectura favoreciendo su progreso, puesto que son más fáciles de explicar.

Por último, es posible que se den reticencias por parte de personas ajenas a la clase y que desconocen el dispositivo de la tutoría. En efecto, en la clase puede causar una mala impresión a los observadores externos. Las libertades que tienen los escolares y la posición del docente pueden despertar preguntas (Armand, 2012).

Según A. Baudrit[104], la vocación del tutor es ayudar a alguien, cuidar a esa persona, lo que supone una actitud espontánea de

---

[103] Guichard, D., «L'effet tuteur dans les activités de lecture et de résolution de problème au cours moyen», *Cahiers Alfred Binet*, n.° 669, 2001, p. 51-65.
[104] Baudrit, A., *Le tutorat, richesse d'une méthode pédagogique, op. cit.*

un sujeto hacia otro. Este autor pone de relieve que formar a los alumnos tutores podría hacer que estos olvidaran el sentido original de la tutoría y que, por consiguiente, se comportasen como docentes, manifestando menos espontaneidad y más secundarización.

En lo que respecta a la autorización de la ayuda, hay que fomentar la iniciativa propia. Generalmente, un estudiante ayuda a otro porque el docente lo pide. Sin embargo, si la ayuda viene impuesta, existen dos riesgos: que la persona que ayuda «proteste» por tener que ofrecer su tiempo sin su consentimiento y, sobre todo, que la ayudada se sienta desvalorizada porque se la presenta públicamente como incompetente por lo que respecta a esa tarea. El problema es que esta situación conduce al temprano desarrollo de un sentimiento de incompetencia o desmoralización. El estatus social de las personas que están siendo ayudadas las perjudica y les impide implicarse; las personas tutorizadas se ven influenciadas por su posición socialmente inferior puesto que ya no se consideran como compañeras de pleno derecho.[105] Una tutoría sin reciprocidad podría deteriorar la confianza en sí mismo del alumnado que está recibiendo la ayuda... Sería una excelente manera de dañar su sentimiento de eficacia... Así pues, el hecho de formarlo invierte esta lógica: la situación de ayuda solo puede producirse si quien la va a recibir expresa esta necesidad. Vedder[106] enumera las condiciones necesarias para

---

[105] Baudrit, A., *ibid.*

[106] Vedder, P., *Cooperative learning. A studdy on precess and effect of*

que las ayudas sean eficaces, independientemente del nivel de elaboración:

- En primer lugar, la ayuda debe ser pertinente (debe responder con precisión a un problema) y presentar un nivel de elaboración que se corresponda con la petición (la heterogeneidad de niveles escolares, de orígenes culturales y de necesidades requiere intervenciones diferentes; una ayuda poco elaborada es suficiente cuando se trata de llenar lagunas de comprensión, por ejemplo).
- Es el estudiante quien debe manifestar la necesidad de ayuda, y se le debe proporcionar rápidamente y de una manera que pueda entenderla.
- Debe poder utilizar la ayuda dentro de un contexto concreto, pero también fuera de este.

¿FORMAR AL ALUMNADO O FOMENTAR EL ENSAYO Y ERROR COOPERATIVO?

D. Guichard[107] afirma que debe confiárseles el rol de tutor a aquellos sujetos que hayan demostrado estar cualificados mediante ciertas titulaciones. Si se quiere que la tutoría no agudice las posibles desigualdades en un grupo (beneficiando solo a los mejores), hay que proponer la función del tutor no

cooperation between primary school children, Países Bajos, Rijkuniversiteit Groningen, 1985.

[107] Guichard, D., «Le tutorat entre élèves au cycle 3», *Revue française de pédagogie*, n.° 150, 2005, p. 73-85.

solo a los buenos estudiantes, sino a todos. De ahí que se abogue por una formación que permita anticiparse a las posibles problemáticas.

La formación de los estudiantes en la tutoría es una condición indispensable para introducir este dispositivo pedagógico. Los trabajos de Lafont, Ensergueix y Cicero[108] sostienen que las personas tutorizadas que cuentan con tutores formados muestran un rendimiento superior que las que tienen tutores no formados. Los trabajos de Filippaki, Barnier y Papamickael[109] revelan que los formados utilizan estrategias de resolución de tareas más avanzadas. Además, el tutor tendrá que realizar distintos tipos de intervenciones que no pueden ser únicamente intuitivas (recordar y reexplicar la directriz; apoyar durante la actividad; proporcionar ayuda técnica sobre un aspecto problemático de la tarea; ofrecer ayuda estratégica sobre el procedimiento a seguir; controlar y validar el avance de la resolución de la tarea) y que, por lo tanto, requieren una preparación. No basta con que dos personas interactúen para que exista una cooperación, es necesario que las situaciones de tutela se basen en la movilización de ambos compañeros: la formación concierne tanto a la función de tutor como a la de tutorizado.

---

[108] Lafont, L., Ensergueix, P., Cicero, C., *Pourquoi et comment former des élèves tuteurs pour faciliter les apprentissages moteurs?* Comunicación oral en el séptimo coloquio europeo sobre la autoformación, ENFA Toulouse, del 18 al 20 de mayo de 2006.

[109] Filippaki, N., Barnier, G., Papamickael, Y., «L'effet bénéfique du rôle de tuteur chez des enfants d'âge préscolaire confrontés à la réalisation d'un damier», *Psychologie & Éducation*, n.° 44, 2001, p. 27-42.

A. Baudrit[110] destaca varios modelos de formación. El de McNaughton sugiere el método *Pause, Prompt and Praise* para formar a los estudiantes que desempeñarán el rol de tutor:

- La primera fase, llamada *Pause* (esperar), consiste en que la persona tutora no intervenga enseguida, de manera que deje a la tutorizada la posibilidad de rectificar sus errores.
- La segunda fase, llamada *Prompt* (intervenir), se basa en que el tutor, una vez ha transcurrido la espera, interviene para ayudar a la persona tutorizada a resolver la tarea que le supone un problema a través de distintas acciones (animarla, dirigir su atención hacia el contexto o los datos, guiarla para que encuentre la respuesta por sí sola).
- La tercera fase, llamada *Praise* (animar), tiene por objeto felicitar a la persona tutorizada durante y después del trabajo, fomentando las conductas de autocorrección. Este modelo se completa mediante el de Gartner[111], que destaca la elaboración de técnicas personalizadas en la tutoría. Estos autores incitan a los estudiantes a prepararse para ejercer en un futuro el rol de tutor, a que creen sus propias herramientas de trabajo (inventar juegos, fabricar objetos...) con el fin de apropiárselas mejor, y a que trabajen las técnicas de comunicación para ser más eficaces al interaccionar.

---

[110] Baudrit, A., *Le tutorat, richesse d'une méthode pédagogique, op. cit.*
[111] Gartner, A., Kolher, C., Riessman, F., *Des enfants enseignent aux enfants*, Éditions de l'Épi, París, 1973.

J. Armand[112] propone introducir el andamiaje en la formación para la tutoría. Presenta un método que consiste en tres etapas (IMA):

- Identificación del problema (la persona que está siendo ayudada y la que ayuda identifican el problema, la noción o la tarea en la que tienen que trabajar).
- Modelado (la persona que ayuda realiza en voz alta la tarea).
- Acompañamiento (la persona que está siendo ayudada realiza la tarea bajo la supervisión de la que ayuda).

Así, formar al alumnado en la cooperación significa luchar contra las limitaciones del propio método, principalmente relacionadas con la libertad que proporciona: cuanto más se les permite cooperar, más posible es que haya ruido, conflictos relacionales, sobreandamiaje... No es necesario dedicarle demasiado tiempo y no hay que esperar a que el curso escolar esté muy avanzado. Al anticiparse a todas estas situaciones se está tratando de que la mayoría del alumnado se apropie de la cooperación a nivel pedagógico.

Hay que tener en cuenta que la formación previa no garantiza la ausencia de obstáculos, sino que trata de minimizar las consecuencias y simplificar el acceso a la cooperación para un gran número de docentes, evitando que, una vez se

---

[112] Armand, J., *IMA : une démarche d'apprentissage par les pairs*, Sherbrooke, Licenciatura en Educación Infantil y Primaria, Université de Sherbrooke, 2012.

permitan las libertades propias de la cooperación, tengan que compensar demasiados factores. Es una manera de aligerar la carga de trabajo a aquellos docentes que quieren transformar sus prácticas pedagógicas pero que no disponen ni del tiempo necesario ni de una gran motivación militante.

De esta manera pueden organizar la clase según las formas pedagógicas que prefieran. Tienen todas las posibilidades, por ejemplo, siguiendo la pedagogía de Freinet, para promover un verdadero trabajo basado en el pleno compromiso del alumnado, con auténticas actividades de expresión, creación y comunicación.

También es posible dejar que el alumnado descubra de manera natural las dificultades relacionadas con la cooperación, es decir, mediante ensayo y error, a través de situaciones reales (problemas de verdad, conflictos habituales en clase). Eso implica aceptar que los hábitos cooperativos se instalarán de una manera más lenta y que, mientras tanto, habrá que velar por que el ejercicio cotidiano de la cooperación no perjudique a los estudiantes más vulnerables.

LA FORMACIÓN DEL ALUMNADO

No obstante, «los alumnos tutores, para ser eficaces, deben estar lo suficientemente bien formados para este rol y deben ser supervisados de manera regular».[113]

---

[113] Bensalah, L., «Que savons-nous du rôle de tuteur chez le jeune enfant?», *Carrefours de l'éducation*, n.° 27, 2009, p. 69-81.

Parece necesario formar y preparar a las personas tutoras y tutorizadas para disipar todos o parte de los obstáculos que se han constatado y para desarrollar todo el potencial pedagógico de la cooperación. Si no se hace así, esta toma formas contrarias a lo que buscan los docentes, esto es, desorden, asimetría en el trabajo, malentendidos...

La formación del alumnado en la cooperación debe ser previa a las prácticas cooperativas: para todos los estudiantes y con la finalidad de trabajar las actitudes cooperativas de quien ayuda y de quien recibe ayuda. Resulta oportuno destacar la necesidad de que exista reciprocidad entre las funciones: la persona que ayuda puede convertirse en la que solicita y viceversa. Véase algunos aspectos acerca de esta formación basados en los trabajos de F. Le Ménahèze.[114]

La persona que ayuda: primero acaba lo que está haciendo para estar realmente disponible. Está de acuerdo en ayudar, no se lo han impuesto. Se comunica en voz baja o susurrando. Ha entendido bien qué es lo que le piden, de qué se trata. De lo contrario, debe redirigir a quien pide ayuda hasta otra persona. Puede usar fichas guía o cualquier otro documento que tenga a su disposición. No da la respuesta o la solución, no proporciona demasiada información para no impedir pensar a la persona a la que está acompañando. No se burla, anima y felicita. Puede hacer que la otra persona relea y explique la directriz, puede dar ejemplos y mostrar

---

[114] Le Ménahèze F., *et al.*, *Coopération et Pédagogie Freinet*, Nantes, Éditions ICEM Pédagogie Freinet, n.° 33, 2002.

cómo se hace, explicarlo con sus propias palabras, indicar lo que hay que hacer, dar consejos y trucos, hacer esquemas, ilustrar, ayudar a leer, observar y comprender las fichas guía, dejar que la otra persona adivine, responder a las preguntas, decidir que quiere dejar de ayudar, etc. Por último, acepta pedir ayuda, si lo necesita..

La persona que se deja ayudar: primero prueba ella sola (porque puede hacerlo por sí misma). Escoge a la persona que puede ayudarla. Espera a que esté disponible. Le hace una pregunta concreta (puesto que ya ha probado ella sola antes). Escucha con atención. Muestra predisposición. Le da las gracias a la persona que la ha ayudado. Puede hacer preguntas, pedir que se lo vuelvan a explicar, escribir, tomar notas, decidir que no quiere que la ayuden más... Por último, puede aportar a su vez ayuda si se la solicitan.

El estatus de tutor se adquiere al cumplir cuatro requisitos:

1. Haber recibido una formación (que se les ha ofrecido a todo el alumnado).
2. Es voluntario (porque forzar a alguien a ayudar puede disminuir la calidad de su implicación).
3. Haber conseguido un diploma de tutor (para demostrar haber entendido la formación a nivel teórico).
4. No haber perdido el estatus de tutor (para demostrar que se domina la parte práctica de la función y haber respetado lo que se esperaba de él).

Como en toda transmisión de informaciones, hay estudiantes que lo entienden rápido y otros que no. Por esta razón, para autorizar a las personas que ayudan a actuar de manera autónoma, pueden resultar útiles las evaluaciones, por ejemplo, en forma de diplomas de tutor.

Así, los docentes pueden permitir a sus estudiantes que cooperen, especialmente en situaciones de investigación y práctica, siempre tras un periodo corto de concentración individual y silenciosa. Las herramientas como los tetrayudas[115] pueden resultar útiles para indicar en qué estado se encuentra cada estudiante. Existen muchas otras opciones. Por ejemplo, una cartulina roja por un lado y verde por el otro. Así, quien no quiere que lo interrumpan (porque está concentrado en su trabajo) deja a la vista la parte roja, que puede cambiar por la parte verde en cuanto esté disponible para que los demás le pidan ayuda.

A veces, las peticiones de ayuda son demasiado frecuentes e imprecisas («ayúdame», «no entiendo nada»). Esto puede darse en las personas que todavía no tienen la costumbre de intentarlo primero solas; adoptan una estrategia cómoda que consiste en recurrir rápidamente a la intervención de un compañero, sin entender que es contraproducente a la hora de aprender. Para combatir estas situaciones, algunos docentes han introducido los «billetes de ayuda»: cada sujeto obtiene

---

[115] http://bdemauge.free.fr/tetraaide.pdf: Un tetrayuda es un tetraedro que sirve para organizar la ayuda en el seno de un grupo. Cada vértice corresponde a un estado específico: verde (va todo bien), azul (estoy ayudando a alguien), amarillo (necesito ayuda), rojo (no quiero que me interrumpan).

uno nuevo cada semana (o cada dos semanas) en el que aparece el número de peticiones de ayuda de las que dispone. Y cada vez que alguien obtiene ayuda, el tutor dibuja una cruz en el billete. Cuando todas las casillas están llenas, ya no puede pedir más veces ayuda a los compañeros; no importa en qué momento ocurra. Estos estudiantes tendrán que encontrar por sí solos las respuestas a sus preguntas, lo que les llevará a darse cuenta de que han abusado demasiado de la ayuda. Y la frustración de sentirse bloqueados es lo que les hará valorar la ayuda que les prestan los compañeros. Paulatinamente, los «derroches» son cada vez menos frecuentes y las situaciones de tutoría más justificadas. Cuando llegue ese momento pueden retirarse los billetes de ayuda.

JUEGOS DE ROL Y EXPERIENCIAS

Los métodos magistrales son poco eficaces para presentar la tutoría: no basta con explicar los aspectos principales para que el alumnado se los apropie. El juego de roles contribuye a la comprensión de las actitudes cooperativas. Por ejemplo, en relación con el requisito de no hacer el trabajo de otra persona en su lugar, se pide a un voluntario o voluntaria que haga el papel de alguien que solicita ayuda en un ejercicio. Una segunda persona responde realizándolo directamente en la libreta de la primera. Entonces se deja a los actores que improvisen la continuación de la escena. Cuando aseguran haber acabado con su escena, los observadores (el resto del grupo que hasta el momento ha sido espectador) pueden opinar al respecto. De esta manera se crea un debate sobre la idoneidad de las estrategias utilizadas. Este intercambio se cierra cuando redactan un artículo para una «Carta de la Cooperación», que se va ampliando a medida que se hacen estos juegos de rol y que contribuye a la cultura común de la clase.

Laberinto

Ejemplo utilizado para la formación:

El código QR da acceso a un generador de laberintos:
http://www.desmoulins.fr/index.php?pg=divers!jeux!labyrinthes!form_labyrinthes

Existe otra técnica para trabajar la concienciación sobre un cierto número de reglas: las experiencias. Por ejemplo, para señalar la importancia del respeto entre las personas cooperadoras se proponen dos situaciones. La primera consiste en encontrar la salida de un laberinto bajo presión; a los observadores se les permite dar órdenes, burlarse y desvalorizar el trabajo de la otra persona. En la segunda, los estudiantes tienen que encontrar la salida de otro laberinto, pero esta vez con palabras de ánimo, felicitaciones, apoyo (sin dar la solución). El objetivo es comparar los resultados y los sentimientos que han suscitado las dos situaciones, y luego dejar que surja la idea de que es más fácil involucrarse en una actividad si hay un ambiente en el que las personas se sienten respetadas y respaldadas.

Otro ejemplo de actividad en forma de experiencia que se puede realizar es la que propone Tom Wujec[116] y que consiste en construir estructuras; el llamado «reto *marshmallow*». El alumnado se agrupa por equipos y cada uno recibe veinte espaguetis, una nube de azúcar, un metro de cinta adhesiva y un metro de cuerda. La directriz es que se debe construir en un tiempo limitado la estructura más alta posible, teniendo en cuenta que la nube de azúcar tiene que estar en la cima de la estructura sin que esta se derrumbe. Para que sea útil para la formación en cooperación, se puede insistir, por ejemplo, en la importancia de que haya un ambiente tranquilo

---

[116] https://www.ted.com/talks/tom_wujec_build_a_tower

mientras se trabaja. Para ello, la primera vez se realiza la actividad sin ninguna consigna concreta sobre el volumen. El docente incluso puede poner música enérgica. Una vez se hayan medido las estructuras, se repite la actividad, pero esta vez con la obligación de comunicarse en voz baja o susurrando y, además, sin ningún tipo de música de fondo. Las estructuras se vuelven a medir, y el grupo se pregunta en qué medida el ambiente tranquilo ha podido contribuir a mejorar el rendimiento.

Un tercer ejemplo de experiencia posible para este tipo de formación destinada a secundaria y bachillerato son los enigmas, especialmente para trabajar con el alumnado la importancia de no dar la respuesta o hacerle el ejercicio a la otra persona cuando alguien pide ayuda.

Primero, los estudiantes se agrupan por equipos a los que se plantea el problema «manzanas, plátanos y cocos». Se trata de que encuentren el resultado de la cuarta línea. Tan pronto como empiecen a trabajar, el docente se dirige a la mitad de los equipos y con discreción les da la solución del problema (14). Les dice que ya no tienen por qué buscar más. A los demás equipos no les dice nada. Cuando se acaba el tiempo asignado, le pide a cada equipo que indique la respuesta por escrito y después explica que se trataba de contar bien el número de plátanos de cada racimo (el de la última fila solo tiene tres).

Después viene el problema llamado «cerezas, piñas y sandías», que se distribuye al alumnado, agrupado de la misma manera y con instrucciones idénticas. Lo único que cambia es que el docente no da la respuesta a ningún equipo. Les deja que resuelvan el nuevo problema por sus propios medios. A la hora de recoger los resultados (la solución correcta al enigma es 24), se observará que los equipos a los que no se les ha dado la respuesta en el primer problema suelen ser más eficaces que los demás en la segunda etapa. El docente guía a los estudiantes para que reflexionen sobre esta situación de manera que progresivamente vayan concediendo importancia al hecho de investigar, de hacerse preguntas, de equivocarse, de probar y después obtener ayuda frente a preguntas que uno se plantea. Si esta ayuda llega de manera precoz, les impide pensar y, por lo tanto, aprender.

Además, se pueden unir estas ideas clave con contenidos disciplinarios precisos, por ejemplo, con obras de literatura juvenil (en lengua materna o en lengua extranjera), con acontecimientos y personajes históricos relevantes, con aspectos geográficos, con obras de arte...

UN DIPLOMA DE TUTOR PARA TODO EL MUNDO

Al finalizar esta formación, que puede durar entre una hora y media y dos horas, el docente ofrece a los estudiantes que deseen convertirse en tutores la posibilidad de pasar un test para obtener un diploma. Aquí se observa un ejemplo para secundaria. Existen otros modelos para alumnado más joven o mayor. Este test recoge los elementos esenciales abordados de manera colectiva y confiere la calidad de tutor a quien demuestre haber comprendido qué es lo que se espera de este rol.

APELLIDO:
Nombre:
Fecha:

1 Cuando un compañero o una compañera me pide ayuda durante la clase:

☐ Lo redirijo al docente.
☐ Me aseguro de haber acabado bien mi trabajo.
☐ Le respondo.
☐ Le digo que me molesta.

2 Si no sé responder a una pregunta de un compañero:

☐ Le digo lo que pienso.
☐ Le digo que lo busque por su cuenta.
☐ Le explico que no lo sé.
☐ Le ayudo a encontrar a alguien que pueda ayudarlo.

3 Para ser tutor hace falta, sobre todo:

☐ Tener buenas notas.
☐ Tener una cuenta en Facebook o en Twitter.
☐ Tener ganas de ayudar a los demás.
☐ Ser muy inteligente.

4 Si un estudiante al que estoy ayudando no me escucha:

☐ Dejo de ayudarlo de inmediato.
☐ Lo trato mal.
☐ Le pido que me escuche.
☐ Le doy una colleja para que se concentre más.

5 Para ayudar a alguien, sobre todo no debo:

☐ Responder a sus preguntas.
☐ Decirle que puede conseguirlo.
☐ Dirigirlo hacia otra persona.
☐ Darle las soluciones.

6 Un tutor no tiene derecho a:

☐ Pedir ayuda.
☐ Burlarse de la persona a la que está ayudando.
☐ Dejar de ayudar.
☐ Trabajar en la biblioteca para ayudarlo.

7 Para ayudar, no puedo utilizar:

☐ Programas informáticos.
☐ Mis apuntes o mis libros de texto.
☐ La telepatía.
☐ Un smartphone.

8 ¿Qué «gana» un tutor?

☐ Una reducción de las horas de castigo.
☐ Un viaje a la India, «siguiendo los pasos de Gandhi».
☐ Una mejor comprensión de lo que ya sabe.
☐ Unos cuantos puntos extras en la evaluación.

9 Si por querer ayudar, le hago el trabajo a quien me ha pedido ayuda:

☐ Le impido aprender.
☐ Tendrá que ayudarme en otra ocasión.
☐ Puede que me caigan dos horas de castigo.
☐ Le evito problemas con los docentes.

10 Como tutor, si uno se cree el «líder»:

☐ Está preparando su futura carrera de político.
☐ Se extralimita en sus funciones.
☐ Los supervisores lo ven con mejores ojos.
☐ Demuestra que es fuerte.

11 ¿Quién puede decidir finalizar una tutoría?

☐ Solo el tutor.
☐ Solo el que está siendo ayudado.
☐ El docente responsable de los tutores.
☐ El tutor o quien está siendo ayudado o un adulto del centro.

12 En una tutoría, la persona a la que ayudan primero de todo tiene que:

☐ Escuchar bien.
☐ Haber probado solo.
☐ Mostrarse predispuesto.
☐ Ofrecer algo a cambio de la ayuda.

Como se ha descrito anteriormente, en una relación tutorial, el estudiante tutor es el que más se beneficia de la situación y el que ve como se afianzan de manera permanente sus aprendizajes.[117] Las misiones que se les confía a los tutores les confieren un mayor reconocimiento social, lo que resulta un punto de partida para transformaciones y adquisiciones mayores.[118] Así pues, este «efecto tutor» exige distinguir bien el estatus de experto y el del tutor. De lo contrario, la organización de la tutoría se convierte en un dispositivo pedagógico que aumenta las desigualdades entre los escolares y favorece sobre todo a los mejores.

No obstante, la introducción de la tutoría entre iguales en una clase tiene como objetivo el progreso de todos y cada uno de los estudiantes. Los más vulnerables ya no están solos ante los obstáculos y reciben antes las correcciones a las respuestas erróneas.[119] Los que están en una situación más cómoda pueden poner en práctica los conocimientos escolares de los que ya se han apropiado, y progresar significativamente en el campo de la transmisión cognitiva. De esta manera, resulta esencial desde un punto de vista pedagógico que a todo el alumnado se le ofrezca la oportunidad de convertirse en uno de los tutores de su clase, sea o no experto en los saberes escolares necesarios. De todas maneras, hemos podido comprobar que siete de cada diez veces

---

[117] Allen, V., Feldman, R., «Learning through tutoring: Low-achieving children as tutors», *Journal of Experimental Éducation*, n.° 42, 1973, p. 1-5.
[118] Manil, G., *op. cit*, p. 30.
[119] Baudrit, A., *Le tutorat, richesse d'une méthode pédagogique, op. cit.*

aproximadamente la naturaleza de una interacción tutorial hace referencia a la explicación de una instrucción de trabajo (para desbloquear).

Por ello, aunque las situaciones cooperativas contribuyen a que se amplíe sensiblemente el tiempo de exposición a los aprendizajes, es deseable que a todo el alumnado formado y voluntario se le confíe la función de tutor, puesto que esto confiere un sentido a la actividad escolar habitual, le obliga a activar aprendizajes que ya había adquirido y hace que conciba la clase como una verdadera red de intercambio de saberes.

EL LUGAR DEL DOCENTE

«Es necesario que el adulto plantee objetivos, defina un marco y vele por el buen funcionamiento del grupo.»[120]

EN LOS TRABAJOS EN GRUPO

Mientras los estudiantes trabajan, el docente no debe interrumpirlos. Les deja trabajar, que se enfrenten a los obstáculos que vayan encontrando, tanto a nivel intelectual (lo que están investigando) como relacional (los conflictos también son una fuente de aprendizaje). Intervenir mientras se dan estas situaciones podría diluir las virtudes de la

---

[120] Meirieu, P., *Outils pour apprendre en groupe: Apprendre en groupe?* Lyon, Chronique sociale, 1996, p. 17.

autonomía y desencadenar asistencialismo y actitudes de dependencia del alumnado hacia el docente. Algunas fases tales como el desarrollo de la directriz, la puesta en común colectiva de los intercambios, así como la construcción de un marco de contenidos propio de toda autoridad educativa permiten al docente asumir esta postura apartada de manera temporal. Solo intervendrá si este marco se pone en peligro, sobre todo si el volumen está demasiado alto o si se pone en riesgo la integridad afectiva de un alumno, e interpelará a aquellas personas cuya responsabilidad no parezca garantizada. Mientras los estudiantes trabajan, el docente puede aprovechar para observar la clase e ir tomando notas (por ejemplo, utilizando la tabla de observación que se propone a continuación), ir paseando entre los grupos para poder escuchar lo que dicen y lo que piensan sus integrantes (y poder aprovecharlo más tarde), planear lo que se hará a continuación o realizar tareas de corrección. También puede responder a necesidades específicas de los estudiantes que lo soliciten, siempre y cuando esto no les impida reflexionar. No obstante, existe el riesgo de que se acabe extendiendo a otros compañeros que ya disponen de suficientes recursos internos o cooperativos. «Autonomía y responsabilidad por parte de los alumnos son los principios rectores de la cooperación vista desde el punto de vista del docente.»[121]

---

[121] Staquet, C., *op. cit.*, p. 65.

Ficha de observación del trabajo en grupo[122]

¿El grupo se pone a trabajar enseguida?	
Los intercambios entre participantes:	
¿El tono es calmado, agresivo, violento, amable?	
¿Se escuchan entre ellos?	
¿Se interrumpen?	
Los turnos de palabra:	
¿Todo el mundo interviene?	
¿Alguien interviene más que el resto?	
¿El grupo se ha bloqueado en algún momento?	
La elaboración de las respuestas:	
¿Se tienen en cuenta las reflexiones de todos?	
¿O una única persona impone sus respuestas?	
La gestión de tiempo:	
¿El moderador o la moderadora se preocupa por la gestión del tiempo?	

Así, las funciones del docente que organiza el trabajo en grupo son las siguientes:

- Pensar una directriz de trabajo clara, para que genere interdependencia y provoque un conflicto cognitivo, y

---

[122] Castany, J., *Les Cahiers pédagogiques* n.° 424, p. 16.

así contribuya al enriquecimiento del entorno en el que evoluciona el alumnado.

- Prever el material necesario para el trabajo autónomo.
- Crear los grupos (o planear una manera autónoma de hacerlo, como por ejemplo mediante sorteo).
- Vertebrar la comprensión de la consigna por parte del alumnado.
- Establecer el marco del trabajo en grupo, con etapas, funciones y normas de funcionamiento.
- No interferir en los intercambios de representaciones entre el alumnado, intervenir únicamente si se pone en riesgo el marco del trabajo en grupo.
- Observar como los estudiantes o la clase funcionan de forma autónoma, recoger las ideas que serán útiles para la formulación de la síntesis y la evaluación del trabajo en grupo.
- Facilitar la confrontación de ideas dentro de cada grupo y después con toda la clase.
- A partir de las aportaciones de los grupos y gracias al cuestionamiento y al interés del alumnado, guiar la síntesis de los conocimientos que se estaban trabajando.
- Acompañar al alumnado hacia la siguiente etapa de aprendizaje, en particular en materia de memorización y transmisión de conocimientos.
- Terminar la situación cooperativa sugiriendo un espacio para hacer un balance, con el objetivo de extraer conclusiones sobre lo que ha funcionado y los problemas que han aparecido.

Desde un punto de vista más general, en una clase en la que el alumnado trabaja cooperando, ya sea mediante trabajos en grupo, situaciones de ayuda o de tutoría, ayuda entre iguales o consejos cooperativos, el docente tiene una postura muy específica. Solo se mantiene al margen con fines pedagógicos y de manera temporal y calculada. «Lo que distingue al ser humano como especie no es únicamente su capacidad de aprender, sino también la de enseñar.»[123] La dialéctica que supone la postura del docente, esto es, mantenerse al margen e intervenir, puede definirse a través de doce puntos:

- El docente es el que garantiza la existencia de normas que den seguridad al alumnado.
- Si no se respetan las normas, interviene con sanciones no humillantes.
- Forma al alumnado en la gestión no violenta y autónoma de los pequeños conflictos.
- Organiza y mantiene en buen estado el material para el alumnado.
- Supervisa las responsabilidades asignadas al alumnado para que participe de la vida cooperativa de la clase.
- Lo anima a que se esfuerce, valora sus progresos y permite que se cometan errores.

---

[123] Bruner, J., *Savoir faire, savoir dire*, París, PUF, 1983, p. 262.

- Dirige las situaciones de trabajo colectivo y el tiempo dedicado al trabajo personal.
- Transmite los conocimientos a los que el alumnado no tiene acceso , principalmente respondiendo a las preguntas que se plantean.
- Forma al alumnado en los métodos cooperativos (tutoría o trabajo en grupo).
- Regula la cooperación entre el alumnado para que todos aprendan.
- Informa a las familias sobre lo que aprenden sus hijos e hijas.
- Participa en el trabajo del equipo pedagógico, sin proselitismo, para fomentar la cooperación entre el alumnado.

4 ¿Qué proyectos colectivos propone la cooperación?

UANDO la cooperación entre el alumnado se desarrolla con todo el grupo, toma la forma de proyectos, como los que John Dewey introdujo en la pedagogía. El filósofo pragmático estadounidense desarrolló sus teorías sobre la pedagogía a partir de la premisa de que los aprendizajes se construyen mejor a través de la acción. Es autor del famoso «*learning by doing*». Michel Huber[124] propone siete condiciones para plantear un proyecto:

- Su objetivo debe ser una producción concreta: una producción para ser vendida, un producto mediático o una acción destinada al grupo en sí.
- Debe generar un verdadero reconocimiento social mediante el empoderamiento sobre la realidad.
- El estatus del escolar debe verse modificado; para ello los proyectos tienen que ser cogestionados mediante balances cooperativos.
- Va acompañada del empoderamiento ciudadano en el

---

[124] Huber, M., *Apprendre en projets,* Lyon, Chronique sociale, 1999.

seno del establecimiento escolar para que el alumnado se responsabilice.

- Desarrolla una aproximación al saber funcional, es decir, los participantes descubren y aprenden mediante la realización del proyecto y los aprendizajes que construyen.
- Se apoya en la evaluación, que consiste en recibir *feedback* sobre la realización del proyecto que permite evaluar la eficacia de la acción cooperativa.
- Busca una cierta calidad, no basta con una realización insuficiente.

Los consejos cooperativos de alumnos y alumnas, las redes de intercambios recíprocos de saberes y los juegos cooperativos forman parte de este tipo de procedimientos.

LOS CONSEJOS COOPERATIVOS DE ALUMNOS Y ALUMNAS

10:01 h – Apertura del consejo de la clase de cuarto de primaria.

10:07 h – «Critico a Zoé porque no hace bien el trabajo de moderadora.»

10:11 h – «Es normal que le digan que se vaya, siempre va de líder.»

10:12 h – «Igualmente, Zoé, estás diciendo tonterías.»

10:14 h – «Estoy harto de que Zoé me mire todo el rato.»

10:23 h – «Propongo echarla de la clase.»

10:27 h – Cierre del consejo.

El consejo cooperativo de alumnos y alumnas es una reunión democrática que reúne a los participantes para garantizar la armonía en la vida de grupo. Es un momento para hacer balance de los proyectos personales o colectivos, de abordar las propuestas, los problemas y la estructura cooperativa, de felicitar, pero también es un momento para los aspectos simbólicos: premios, diplomas, distinciones por el comportamiento, responsabilidades u otros. El consejo cooperativo se reúne periódicamente. Es la clave para el ejercicio de la cooperación entre el alumnado. Su objetivo es regular los acontecimientos pasados y organizar los venideros. Está parcialmente ritualizado con algunas palabras clave (formulas recurrentes que guían los intercambios) y garantiza la libertad de expresión para todos los miembros de la clase.

Sin duda, el consejo es la técnica educativa más importante de todas las pedagogías de la cooperación, pero también la más arriesgada. Para los docentes, porque puede exacerbar los conflictos que se produzcan en la clase al hacerlos públicos. Para los estudiantes que reciben las críticas, porque estas experiencias pueden dañar su autoestima. Con todo, el objetivo del consejo es reunirlos alrededor de proyectos de los cuales son autores y, seguidamente, ayudar a que disfruten trabajando juntos en la escuela.

EL ORIGEN DE LA DEFINICIÓN

Los consejos cooperativos en pedagogía fueron introducidos por Janusz Korczak. Este pediatra polaco de primera mitad del siglo xx se esforzó por ofrecer una educación de calidad a los menores abandonados, a los huérfanos y a los niños judíos del gueto de Varsovia. Su pedagogía consistía en tratarlos como una persona de pleno derecho, con el mismo respeto con el que trataría a un adulto. «Los niños no son futuras personas, ya son personas... Los niños son seres cuya alma contiene la semilla de todas las ideas y las emociones que nos mueven. Hay que guiar el crecimiento de estas semillas con delicadeza.»[125]

Para dar vida a sus ideas, J. Korczak puso en práctica distintos dispositivos en sus hogares para huérfanos:

- El tablón de anuncios: para comunicar las informaciones esenciales.
- El buzón: para peticiones o respuestas personales.
- Las fiestas y los talleres: para romper con el ritmo cotidiano y motivar al alumnado.
- Las ocupaciones: tareas materiales para contribuir a la vida cotidiana del internado.
- El comité de tutela: para organizar el padrinazgo de nuevos estudiantes por parte de los mayores.
- El plebiscito: para votar la categoría cívica de cada uno dentro del hogar.
- El parlamento: para aplicar o desestimar las propuestas del consejo.

[125] Korczak, J., 1899, citado por Lewowicki, T., «Janusz Korczak», en *Perspectives: revue trimestrielle d'éducation comparée*, París, Oficina Internacional de Educación, Unesco, vol. XXIV, n.° 1-2, 1994, p. 37-49.

- El tribunal: para abordar los temas legales, los conflictos y las infracciones. La norma básica no es castigar sino perdonar y esperar que la persona que ha tenido un mal comportamiento rectifique por sí misma. El tribunal se encargaba de proteger a la comunidad mediante un código de reglas creado por J. Korczak y de dar su veredicto en función de este código.
- El consejo: para tomar decisiones y atribuir categorías cívicas.

En Francia, Barthélémy Profit y Célestin Freinet introdujeron este procedimiento y lo fueron desarrollando progresivamente. «En el consejo cooperativo, se gestionaba también, como se sigue haciendo actualmente, la elaboración de proyectos comunes propuestos por uno o varios niños, la organización y la coordinación de la vida en el aula, así como el establecimiento de reglas para la convivencia y la resolución de conflictos.»[126]

Hoy en día, a pesar de que hay un número reducido de docentes que lo utilicen,[127] el consejo cooperativo se basa especialmente en la educación para la ciudadanía a través de la práctica ordinaria del funcionamiento democrático. Como lo describe François Audigier, hemos pasado «de una ciudadanía de pertenencia y de obediencia que ponía por delante la identidad colectiva, la participación en los procesos electivos y el

---

[126] Daniel, M.-F., Schleifer, M., *La coopération dans la classe*, Montreal, Les Éditions Logiques, 1996, p. 295.

[127] Marsollier, C., *Les conseils d'élèves: Pour apprendre à vivre ensemble*, París, L'Harmattan, 2005.

respeto por las leyes a una concepción de la ciudadanía que da prioridad a la afirmación de la libertad individual y que va unida a la flexibilidad de la pertenencia y a la inestabilidad de las elecciones».[128] Las prácticas del consejo se encuentran en medio de estas dos dinámicas y permiten que la clase sea el lugar de entrenamiento para la vida ciudadana, considerando a los compañeros y compañeras como sus principales socios en esta vida cívica. Por eso, algunos autores hablan de «contigüidad».[129] Se trata de preocuparse, en primer lugar, por el encuentro con la vecindad. «El consejo es un lugar en el que los miembros del grupo pueden expresar sus críticas y sus propuestas, enfrentar puntos de vista, analizar el funcionamiento de las actividades y las instituciones, y tomar decisiones. Es aquí donde se elabora la voz colectiva y el poder del alumnado se convierte en una realidad institucional. El consejo es una estructura instituyente que hace posible el establecimiento de las normas del grupo; también es un espacio en el que tratar conflictos y transgresiones para encontrar soluciones que preserven los derechos individuales y el interés colectivo».[130]

Fernand Oury y los especialistas e investigadores de la pedagogía institucional han contribuido en gran medida a profundizar en las prácticas de los consejos cooperativos de

---

[128] Citado por Pagoni, M., «Rencontre avec François Audigier: Éducation à la citoyenneté et participation», *Carrefours de l'éducation*, n.° 2009/2 (28), 2009, p. 154.
[129] Laffitte, R., *Essais de pédagogie institutionnelle*, Nimes, Ëditions Champ social, 2006, p. 25.
[130] Le Gal, J., *Les droits de l'enfant à l'école, pour une éducation à la citoyenneté*, Bruselas, De Boeck et Belin, 2002, p.133.

alumnos y alumnas. Junto con Aïda Vasquez, F. Oury describe el consejo a través de la metáfora del cuerpo humano.[131] El consejo sería el ojo del grupo (el comportamiento de los demás es visible para todos), el cerebro del grupo (los problemas no se consideran carencias sino errores de organización), el riñón del grupo (porque elimina los conflictos perturbadores) y el corazón del grupo (la posición de los estudiantes es distinta cuando están en el consejo que cuando están fuera). En una conocida obra, Catherine Pochet insiste en el carácter instituyente del consejo, que lucha de manera explícita contra el asistencialismo de los estudiantes. «—En cuanto a vuestro comportamiento, yo os asignaré los colores en función de vuestra actitud durante las ocho horas que han transcurrido. Si no estáis de acuerdo, podéis discutirlo en el consejo. *Distribuyo los colores. Antonio no está de acuerdo. —Lo comentarás en el consejo. Vuelvo a hablar del consejo a propósito del tablón. Esta vez, Cristina estalla: —Pero ¿quién es el consejo? Interrumpo su intervención con un: —Lo veréis en el consejo, y con eso pongo punto final. Pero a lo largo del día vuelven a sacar el tema: —¿Quién es el consejo?»*[132] Cuando se ponga en práctica, el consejo seguirá un esquema de evolución típico: silencio (los estudiantes no se atreven a intervenir), tumulto (les cuesta respetar las normas) y después lenguaje (la palabra circula para garantizar una vida en grupo segura).

---

[131] Oury, F., Vasquez, A., *Vers une pédagogie institutionnelle?* Vauchrétien, Matrice, 1967.
[132] Pochet, C., Oury, F., *Qui c'est l'conseil? La loi dans la classe*, Vauchrétien, Matrice, 1997, p.16.

Los consejos cooperativos de alumnos y alumnas se articulan alrededor de algunos aspectos importantes:

- La dirección se le confía a un escolar después de que el docente se haya encargado de tratar esta función.
- La regularidad, que haya un lugar, una manera y un tiempo reservado para el consejo: «En un momento concreto, se para la clase y todos juntos hablan de lo que ocurre para cambiarlo y después se decide...».[133]
- Las herramientas del consejo: las palabras clave para ritualizar la estructura, un equivalente al periódico mural de Freinet para que las ideas puedan constituir el orden del día, una libreta para apuntar las decisiones que se han tomado y dejarlas por escrito...
- Los turnos de palabra: para que todo el mundo pueda participar en los intercambios se introducen algunas reglas. «Todos tienen derecho a expresarse. Se pide el turno de palabra levantando la mano. Se debe escuchar al que está hablando. Nadie se burla de los demás. El que no respete las reglas tendrá un aviso. Si continúa, se le excluirá del consejo.»[134]

---

[133] Oury, F., Vasquez, A., *De la classe coopérative à la pédagogie institutionnelle*, Vauchrétien, Matrice, 1971, p.464.
[134] Le Gal, J., *Coopérer pour développer la citoyenneté*, París, Hatier, 1999, p.53.

El consejo tiene una presidencia y una secretaría, es decir, una persona que se encarga de poner por escrito las decisiones que se toman. Además, consta de distintas etapas:

1. Apertura del consejo y recordatorio de las normas de funcionamiento por parte de la persona que ocupa la presidencia de la sesión: «Nadie se burla de los demás, se debe escuchar a la persona que está hablando, se tiene derecho a no decir nada, quienes han hablado menos tienen prioridad».
2. Relectura y verificación de las decisiones que se tomaron en el último consejo.
3. Las propuestas: normas para la clase, proyectos colectivos, proyectos individuales... (Las decisiones se toman siguiendo el protocolo propuesto por Jean Le Gal: Propuesta – Debate – Decisión – Aplicación).
4. Los problemas y dificultades de la clase (es necesario que se use la fórmula «tengo un problema» en lugar de decir «critico»).
5. Felicitar, animar y dar las gracias.
6. Relectura de las decisiones tomadas y cierre del consejo (se evalúa la presidencia y se escoge a su titular para la próxima sesión).

Como sistema de toma de decisiones, el objetivo es buscar el consentimiento mutuo. Hay que usar el voto solo como último recurso, es decir, si la situación requiere que el grupo tome una decisión rápida. Votar no es una práctica democrática si se basa en negar las minorías mediante la mayoría numérica. Cuando hay varias propuestas se puede:

- Buscar un acuerdo (que satisfaga a todo el mundo sin que la propuesta se vea deteriorada).
- Posponer la decisión para el próximo consejo, dejar que las reflexiones maduren.

Si hay que tomar una decisión entre varias propuestas, todas ellas válidas, se puede organizar:

1. Un sorteo.
2. Una votación secreta.
3. Una votación a mano alzada.

EL CONSEJO NO ES UN TRIBUNAL

Actualmente las reflexiones sobre los consejos cooperativos se centran en las críticas interpersonales que surgen a veces durante las sesiones. En efecto, hemos podido observar que algunos de los comentarios que hacían los escolares eran una forma de acoso que, además, estaba siendo aceptada por los adultos allí presentes. Ciertamente, una de las problemáticas que pueden surgir es que el consejo se convierta en un tribunal. Este riesgo de judicialización es especialmente alto para aquellos escolares que son diferentes, para los nuevos de la clase, para los que se les considera traviesos o incluso problemáticos. Si se evitan las críticas interpersonales en los consejos, se pueden reducir los fenómenos señalados anteriormente, esto es, el sentimiento de estar siendo agredido, los «nudos en el estómago», las posturas de víctima («¡Todo el mundo está en mi contra!»)... Además, se trata también de evitar que los conflictos se agraven, ofreciendo al alumnado una tribuna colectiva desde la que ser escuchados y ser reconocidos a través de los problemas que comunican. En definitiva, un consejo, por norma sin críticas, permitiría a los escolares conferirse valor a ellos mismos, porque el simple hecho de expresarse implica participar en proyectos o en responsabilidades destinadas a prestar un servicio a la clase.

Así pues, el objetivo es buscar dispositivos que permitan reducir la cantidad de críticas abordadas de forma colectiva, así como descubrir qué condiciones son necesarias para que los conflictos entre los escolares se puedan plantear en esta asamblea pedagógica y democrática. Para ello, se pueden seguir tres líneas: intentar llegar a acuerdos en vez de recurrir a votaciones, externalizar los problemas y formar a los escolares para que usen los llamados «mensajes claros».

Acabamos de ver recursos para adoptar decisiones que provengan del consentimiento mutuo (o que permitan escoger las decisiones menos excluyentes). Para externalizar los problemas, no hay que presentar a los actores de un conflicto como el problema: que haya robado no significa que se sea un ladrón, un golpe no convierte a la persona en violenta, un insulto no significa que la persona sea maleducada. Externalizar significa interesarse por los hechos y, de esta manera, evitar incriminar a las personas implicadas. Al centrarse más en los acontecimientos que en las personas, el consejo trabaja la organización del grupo. Se evita señalar a este o aquel compañero, lo que evita el riesgo de venganza. De esta manera, el «tengo un problema» sustituye al «critico».

El mensaje claro fue introducido en la pedagogía por D. Jasmin. «En mi último año de experimentación con el consejo de cooperación, hubo un aluvión de críticas. Decidí no intervenir. Fueron los niños, por sí mismos, los que se dieron cuenta de que nunca podíamos abordar los demás puntos del orden del día. Eso me hizo proponerles que recurriéramos a mensajes claros, es decir, que le contaran al otro qué sentimientos les había despertado su comportamiento. Como no había más propuestas, aceptaron. [...] Entonces, el consejo decidió que, antes de hacer una crítica, la persona en cuestión debía expresarse con un mensaje claro. Así, las críticas disminuyeron considerablemente y los niños aprendieron a hablar entre ellos antes de recurrir al consejo.»[135]

Es una variante simplificada y adaptada para escolares de las prácticas de comunicación no violenta. La idea base es que la

> El mensaje claro es una herramienta para afrontar de manera no violenta y autónoma los pequeños conflictos entre el alumnado.

---

[135] Jasmin, D., *Le Conseil de coopération, un outil pédagogique pour l'organisation de la vie de classe et la gestion des conflits*, Montreal, Éditions Chenelière /McGraw-Hill, 1994, p.37.

persona que recibe el mensaje sienta empatía, definida como «la capacidad de sumergirse en el mundo subjetivo del otro y participar de su experiencia hasta donde lo permita la comunicación verbal y la no verbal».[136] El objetivo es combatir la violencia ofreciendo una alternativa activa y no violenta a las soluciones naturales. No ser una persona violenta significa actuar de manera formal evitando huir, someterse o agredir para que la persona a la que se está interpelando tome consciencia de su acto. Así, la no violencia se caracteriza por realizar una acción comprometida, a imagen de las grandes figuras de la no violencia: Gandhi, Luther King, Mandela, Aung San Suu Kyi y muchos más.

Los mensajes claros se utilizan de manera independiente para que las personas que los ponen en práctica desarrollen aprendizajes autónomos. Esta propuesta permite organizar las intervenciones entre el alumnado sin la presencia de adultos. La técnica «de base» es la siguiente:

1. «Necesito decirte un mensaje claro.»

   → Señal de alerta y toma de consciencia de la importancia del momento.

2. «Lo que has hecho me ha generado sufrimiento o me ha gustado.»

   → Indicación de la naturaleza del mensaje.

3. «Cuando haces...»

   → Descripción de la situación en términos de acción.

---

[136] Rogers, C., 1962, citado por Didier Anzieu, Jacques-Yves Martin, *La dynamique des groupes restreints*, París, PUF, p. 280.

4. «Esto me genera...»

→ Manifestación del sentimiento que esto ha provocado, a menudo se trata de frustración.

5. «¿Me has entendido?»

→ Finalización del mensaje y petición de llegar a un acuerdo:

- Si la respuesta es SÍ, el problema está solucionado.
- Si la respuesta es NO, el problema no está solucionado y se puede recurrir a un cuaderno de quejas o a una persona adulta.

A continuación, se observan tres ejemplos distintos de mensajes claros de clases de tercero, cuarto y quinto de primaria.

Mensaje claro que funciona

- ¿Quieres decir un mensaje claro?
- Sí.
- Pues cuando has ido a ver a Alix y le has dicho que yo te había preguntado si tú querías que te ayudase y tú me has dicho que no así, pues bueno, me ha puesto triste porque yo quería ayudarte y a Alix ya se lo han preguntado muchas personas, y yo estaba justo al lado para ayudarte y Alix me ha dado... me ha ayudado y me ha dado respuestas y a mí pues bueno me ha puesto un poco triste. ¿Me podrías pedir perdón?

– Te pido perdón por haberte dicho que no así, ¿vale?

– Pues gracias.

Mensaje claro que no funciona

– ¿Quieres decir un mensaje claro?

– Sí.

– Pues cuando ayer me insultaste llamándome vagabundo y otras cosas pues me hizo enfadar mucho y me gustaría que pidieras perdón.

– Pido perdón por no haber hecho nada y yo solo dije que algunos niños, no dije todos los niños, le dije al profesor que había algunos niños que habían hecho chorradas en clase de plástica, o sea que no veo porque tengo que pedir perdón porque...

– Algunas personas me han dicho que tú me llamaste vagabundo.

– ¿Quién te lo ha dicho?

– No sé... fue xxx y dijo que xxx dijo que todos éramos unos vagabundos. ¿Vale?

– Me extraña...

Mensaje claro sobre emociones agradables

– ¿Quieres decir un mensaje claro?

– Sí.

– Bueno antes en el recreo me has hecho sonreír. Yo estaba triste y cuando me has tratado como una amiga me he puesto contenta. ¿Tienes alguna pregunta, alguna cosa que quieras decir?

– Bueno quiero darte las gracias por darme las gracias, y eso.

Algunos docentes experimentados permiten que los conflictos interpersonales se traten en el consejo. Lo hacen por los motivos siguientes:

* Para conferir valor a las resoluciones no violentas de los conflictos (reforzar las prohibiciones y los procedimientos introducidos en clase).
* Para brindar un reconocimiento simbólico a lo que sienten los escolares.

  Para formalizar el malestar que esto ocasiona en el grupo y que así el grupo se constituya de acuerdo a unas normas y las preocupaciones no recaigan sistemáticamente en el docente (de esta manera el consejo puede actuar como institución, como indica la pedagogía institucional).

Estos argumentos que pueden ser objeto de críticas van acompañados de seis precauciones deontológicas:

* Que quienes participan se expresen sin usar palabras hirientes.
* Que los intercambios no sean un ajuste de cuentas.
* Que no haya una escalada de violencia al abordar los conflictos.
* Que no afecte al alumnado.

- Que no se trate de personas sino de hechos, de comportamientos.
- Que sean pequeños problemas relacionales, no hechos graves.

Si no se da una de estas condiciones, el docente tendrá que intervenir y parar la conversación, aunque para ello tenga que invadir las funciones de la presidencia. «El maestro tiende a evitar asumir el rol de dirección. Se convierte en un ciudadano más; el poder ejecutivo le corresponde al presidente de la sesión y el poder judicial y legislativo al conjunto del grupo. No obstante, como responsable del grupo, conserva el derecho de veto.»[137] Y, en ese caso, la resolución del problema se llevaría a cabo fuera del consejo.

LOS JUEGOS COOPERATIVOS

Como lo explicaba Albert Jacquard, el objetivo no es ser mejor que el otro, lo que no tiene ningún interés, sino mejor que uno mismo: «No tengo que ser más fuerte que el otro. Tengo

La base de los juegos cooperativos es la implicación física o intelectual, intensa pero sin vencedor ni perdedor, sin competición ni violencia, con el objetivo de lograr un reto o de batir un récord precedente.

---

[137] Oury, F., Vasquez, A., *Vers une pédagogie institutionnelle? op. cit.*, p.83.

que ser más fuerte que yo mismo gracias al otro.» El éxito de unos no se legitima en ningún caso a través del fracaso de los demás. Los participantes se comprometen a asumir una corresponsabilidad.[138] Por eso los juegos cooperativos tienen como objetivo el desarrollo de la paz a través del ejercicio de la cooperación, esto es, darse cuenta de que el hecho de que los demás tomen recorridos diferentes, se hagan preguntas inesperadas y sigan caminos insospechados contribuye al encuentro, a la tolerancia y a la apertura. Los juegos cooperativos proceden de los *news games* que habían sido introducidos por Stewart Brand en Estados Unidos durante la guerra de Vietnam y que, a su vez, estaban influenciados por prácticas de las culturas tradicionales papú, inuit o china.

POR UNA EDUCACIÓN PARA LA PAZ

A continuación, se presentan los seis principios de los juegos cooperativos a partir de la obra de C. Fortin (1999):

1. La actividad debe suponer un reto y ser estimulante.
2. Las consignas deben ser claras y simples.
3. Deben generar intercambios y actitudes cooperativas entre los compañeros y compañeras.
4. Todo el mundo debe divertirse y vivir las situaciones de una manera positiva.

---

[138] Guillaume, L., Manil, J.-F., *op. cit.*, p. 57.

5. Nadie debe tener habilidades especiales que puedan darle una importante ventaja frente a los demás.
6. No se elimina: o gana todo el mundo o no gana nadie.

Recurrir a juegos cooperativos significa luchar contra tres grandes creencias sólidamente arraigadas en nuestra sociedad: hay que aprender a luchar para vivir bien, la paz se obtiene mediante una preparación para la guerra y este es un asunto que atañe mayormente a las máximas autoridades del mundo.

El proyecto de los juegos cooperativos se sitúa como una alternativa. No promueve la eliminación de los juegos competitivos, pero trabaja para que haya un equilibrio en la balanza, actualmente inclinada hacia estos últimos. La competición resulta interesante para estimular una parte de la persona, pero es como la sal o las especies en la cocina: realza el sabor de ciertas situaciones, pero no afecta a la esencia de las realidades. De lo contrario, la naturaleza de las relaciones sociales se degrada considerablemente debido a que se sobrevalora a los más fuertes y se margina a los demás.

El ser humano se caracteriza por tener una fuerte propensión a la cooperación, ya presente y detectable en su primer año de vida.[139] Son las experiencias en la vida social las que lo llevan a desconfiar de los demás y a centrarse más en sus intereses personales. «Un aspecto positivo [de la experiencia cooperativa]: los niños aprenden que, en la mayoría de situaciones,

---

[139] Tomasello, *op. cit.*

si uno se muestra cooperativo y atento, los demás le devuelven cooperación y atención; hecho que los anima a seguir en esa dirección. Una reserva: los alumnos también aprenden que ser sistemáticamente cooperativo y atento puede hacer que los demás se aprovechen.»[140] Así pues, los juegos cooperativos presentan la cooperación como otra manera de pensar y vivir las interacciones humanas, a fin de mejorar la calidad de las relaciones, mayormente competitivas e individualistas: «Aprender a saborear el placer de formar parte de algo, de que se tenga en cuenta el lugar de cada uno, de la ayuda entre iguales, de la solidaridad, del respeto a la diferencia».[141]

Además, los juegos cooperativos vehiculan la cooperación como un instrumento no violento para la prevención de violencias y para la educación en la paz. Mientras juegan, los niños y los adolescentes desarrollan experiencias cooperativas que les muestran que se puede interaccionar con otras personas, aunque sean muy distintas a uno mismo, y que puede ser una experiencia satisfactoria, interesante y segura. Se trata de una postura más eficaz que el enfrentamiento ya que cooperar no genera un sentimiento de fracaso. Así, la escuela se convierte en un lugar donde se enseña a entenderse. Este proyecto también brinda a los docentes y a los estudiantes la oportunidad de ser transmisores de paz, a su medida y en su entorno. El cambio concreto empieza, en primer lugar, por las

---

[140] *Ibid.*, p. 28.
[141] D'Ansembourg, T., en Masheder, M., *Jeux coopératifs pour bâtir la paix*, Lyon, Chronique sociale, 2005, p. 15.

personas con las que se convive. Este proyecto se vuelve mucho más difícil si no se está autorizado para hacerlo o si no se dispone de una comunidad de influencia más grande.

Dicho de otra forma, los juegos cooperativos pretenden que los participantes desarrollen habilidades para comunicarse con los demás, el gusto por el compañerismo y por compartir, la confianza mutua, las actitudes sociales de apertura, el sentido crítico y constructivo, la empatía, el respeto por los errores y las diferencias, y la comprensión de los objetivos de la cooperación.

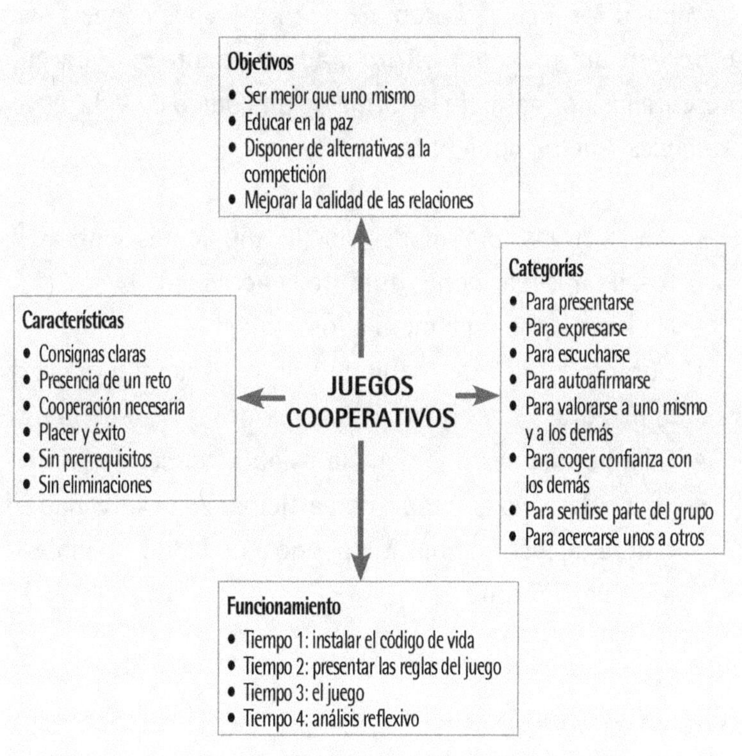

Practicar periódicamente juegos cooperativos en una clase sirve para mejorar la calidad de las relaciones entre el alumnado. «El individuo tiene más probabilidades de pasárselo bien trabajando con personas con quien también puede jugar, divertirse, relajarse, dejarse llevar, ser creativo y reír. Esto hace que las personas se acerquen y acaba con los miedos que podrían convertirse en el germen de la competición.»[142] Es también la lógica que sigue la «construcción de equipos» *(team building)* del mundo profesional.

Mildred Masheder[143] propone que los juegos cooperativos se den en un ambiente estructurado y adaptado. Para ello, presenta las normas bajo la forma de un código de vida, cuyos principios son los siguientes:

- Hablo en mi nombre, de «yo» (de mí, de mis sentimientos, de mis reacciones durante la actividad...).
- No hago daño, ni a mí ni a los demás.
- Durante los debates hablo únicamente cuando se me da la palabra.
- Cuando una persona tiene la palabra, yo no intervengo.
- Tengo derecho al «stop»: no participar en la actividad sin tener que justificarme. Me pongo a un lado y no molesto a los participantes.

---

142 Staquet, C., *op. cit.*, p. 125.
143 *Op. cit.*, p. 23.

Para presentar las directrices y el momento de intercambios y análisis de la actividad, los participantes se sientan en unas sillas colocadas en círculo. Esta disposición facilita una buena comunicación. En cuanto al turno de palabra, como en los consejos cooperativos, una persona voluntaria puede asumir la función de presidencia de la sesión (o de animación). Esta gestiona quién tiene la palabra, así como el tiempo de las intervenciones. Se puede utilizar un bastón de mando y un reloj de arena (en ese caso no hay necesidad de animadora).

Durante el desarrollo del juego, excepto si la directriz indica lo contrario, está permitido conversar, ayudar, solicitar ayuda o generar situaciones de ayuda entre iguales. De hecho, se espera que los participantes pongan en práctica estas estrategias y que puedan construirlas y perfeccionarlas a través de las actividades.

Una vez se acaba el juego cooperativo, es necesario dedicar un tiempo a compartir experiencias. Se trata de hablar sobre lo que ha pasado, sobre las estrategias que se han utilizado, los resultados obtenidos, las emociones que se han sentido, las reacciones que ha provocado... con el objetivo de construir con el alumnado una cultura común en materia de prácticas cooperativas. Este tiempo destinado a los intercambios es también un buen momento para acordar futuras estrategias cooperativas (que permitan superar mejor los retos del juego) o para modificar ciertas reglas de manera que la actividad genere nuevos incentivos.

Al principio, es habitual que los escolares reproduzcan en los juegos cooperativos comportamientos y posturas que solían utilizar en los juegos competitivos. Pero poco a poco se van desarrollando comportamientos altruistas justamente gracias a los momentos de intercambios.

Para presentarse

Cada jugador recibe media carta. Los participantes se desplazan libremente al son de la música. Cuando para, todos deben encontrar al que tiene la otra mitad de su carta. Se presentan, hablan sobre lo que les gusta hacer en su tiempo libre, lo que les apasiona... Después, todos intercambian las medias cartas con otros participantes y el juego empieza de nuevo.

Para formar grupos

Una estrategia para formar grupos sería, por ejemplo, utilizar alguna formula parecida a la siguiente: «Mientras teníais los ojos cerrados, hemos enganchado una pegatina a cada uno en la frente. Ahora, sin hablar (y sin saber cuál es el color que tenéis en la frente), cread grupos con las personas que tienen pegatinas del mismo color que vosotros».

Para expresarse

Los jugadores se sitúan en círculo. Un primer participante hace un gesto. El segundo debe reproducirlo y añadir uno nuevo, y así sucesivamente hasta que el grupo consiga hacer la secuencia de gestos más larga posible.

Para escucharse

El animador invita a todos los participantes a que piensen el sonido que hace un animal. Les pide que cierren los ojos, escoge a una persona y esta se levanta. Imita el sonido del animal y vuelve a sentarse discretamente. Los demás participantes deben adivinar el nombre del animal y el compañero que lo ha imitado.

Para autoafirmarse

Se escoge un tema: el deporte, el cine, la moda, las redes sociales... El grupo se divide en dos equipos. Cada equipo dispone de unos cuantos minutos para crear con sus cuerpos un cuadro estático y presentarlo al otro equipo, que tiene que intentar adivinar qué escena están representando.

Para dar valor a uno mismo y a los demás

Todos los participantes toman una hoja de papel en blanco y escriben abajo su nombre. Después lo pasan a su compañero de la derecha. Este escribe, en la parte de arriba, alguna cosa que le gusta de la persona en cuestión. Después, dobla la parte superior de la hoja y la pasa a su vecino de la derecha. Al final, cada uno recupera su folio y descubre lo que le han puesto los demás.

Para coger confianza con los demás

Los participantes se desplazan por una sala con los ojos cerrados. Cuando encuentran a alguien, tratan de reconocerse mutuamente palpándose la cara. Después vuelven a caminar con los ojos cerrados para encontrar a otra persona.

Para sentirse parte de un grupo

Un participante se tumba en el suelo y adopta una postura cómoda. Un segundo participante se pone cerca de él de manera que quede el menor espacio posible entre su cuerpo y el de su compañero. Un tercero hace lo mismo y así progresivamente hasta que el grupo construya un puzle humano. Resulta interesante fotografiarlo para que luego puedan verse.

Algunos juegos cooperativos de esta reducida lista no precisan de ningún tipo de material. Otros juegos necesitan objetos corrientes o específicos (por ejemplo, el «paracaídas», disponible con 8, 10, 12, 16, 20 o 25 asas, o el lápiz cooperativo cuyo principio consiste en reproducir una imagen o una palabra entre varias personas). También se pueden adaptar otros juegos a partir de actividades competitivas para que adquieran un carácter distinto. Es el caso de «el juego de las sillas invertido» cuyo objetivo no es encontrar un sitio donde sentarse antes que los demás, sino que a medida que se van quitando sillas hay que ir inventándose técnicas de equilibrio imposibles para que todo el mundo tenga un sitio.

Desde hace algunos años también se están desarrollando juegos de mesa cooperativos, con tablero o con cartas. Gilles Baldassari[144] explica que, aunque estos juegos conserven la noción de adversidad en el objetivo de victoria, no es necesario oponer a los jugadores, ni individual ni colectivamente. Todos los participantes tienen el mismo objetivo: la victoria solo puede ser colectiva y lo que cada uno pueda aportar es indispensable para conseguir el éxito común. Además, el progreso de los participantes puede no ser igual; cada ladrillo que aporten a la construcción del edificio será un elemento positivo. De esta manera, cada uno ayuda al grupo en función de sus medios, y no es extraño que el grupo ayude a un participante durante la partida. Los juegos de mesa cooperativos hacen que los jugadores afronten juntos el juego en sí y, la mayoría de las veces, las reglas se pueden variar para pasar de un nivel de aprendizaje fácil a otro de reflexión autónoma. Así pues, se trata de encontrar estrategias de asociación suficientemente elaboradas para superar el reto que propone el juego.[145]

---

[144] En Connac, Fontdecaba, *op. cit.*

[145] Véase algunos ejemplos bien valorados por los niños y adolescentes: *Les chevaliers de la table ronde* (Days of wonder); *Yggdrasil* (Ludonaute); *La isla prohibida* (Cocktail games); *El frutal* (Haba); *Hanabi* (Cocktail games); *Pandemic* (Filosofía); *Andor* (Iello); *The game* (Oya); *Mysterium* (Libellud); *Room-25* (Matagot)*; Ghost stories* (Repos production).

«Carolina es una niña que está siempre enfadada y con una actitud de rechazo absoluto y violento hacia la escuela. La pusieron en mi clase. Una tarde, en un viaje a la nieve, Carolina mostró que tenía un don para el baile así que le propuse inscribirla en un curso para que desarrollase ese talento y pudiera adquirir técnica. Así se hizo. Unas semanas más tarde, le pregunté si le gustaría ser nuestra monitora de baile y ayudar a toda la clase en la preparación de un espectáculo de fin de curso. ¡Me acuerdo del orgullo con el que dijo «sí»! Y, a partir de ese momento, Carolina pudo trabajar otras materias. La ayuda y la ayuda entre iguales se convirtieron en algo tolerable y aceptable para ella. Entonces entendí que resulta insoportable ser siempre y únicamente la persona a la que

Las redes de intercambios recíprocos de saberes son organizaciones cooperativas que parten de la premisa de que todas las personas poseen saberes, bajo la forma de conocimientos, experiencias, destrezas, habilidades sociales... que son capaces de enseñar y que pueden ser de interés para otras personas. Así, los oferentes se benefician de estas redes para convencerse de que poseen esos saberes, afianzarlos todavía más y aceptar más fácilmente que hay otras áreas que no dominan. Los demandantes se benefician de que alguien comparta su saber ya que así conocen ámbitos que les interesan, sin que tenga que ser siempre a través de los docentes, y por los que pueden desarrollar una verdadera pasión.

ayudan. Que uno solo se puede sentir parte de un grupo si aporta algo, si se le reconoce como alguien esencial en el proyecto del grupo, si los demás lo tienen en cuenta y si el grupo en general y cada miembro en particular pueden contar con esa persona».[146]

El sistema de ofertas y demandas se basa en el deseo, lo que garantiza la cooperación: «Todos pueden constituirse en buscadores de saberes, solicitantes de saberes y, si ofrecen aprendizajes a los demás, oferente de saberes [...] Todos pueden convertirse en docentes de lo que saben y aprendices de lo que deseen aprender».[147]

Así pues, la reciprocidad que existe entre la postura de oferente y la de solicitante permite que cada cual pueda transmitir lo que sabe a los demás y reconocerse ignorante en algunas áreas que le interesan y en las que los demás pueden formarlos. Nadie es únicamente oferente ni solicitante, son dos funciones atribuibles a todo el mundo. Los intercambios de saberes y los beneficios que esto comporta a cada uno constituyen la base de la reciprocidad en las redes. Todo sujeto se convierte en igual de digno que el otro, la reciprocidad aparece como la afirmación radical de la igualdad. Esta triple postura, de paridad, de otredad (el reconocimiento del otro) y de alteración (la transformación a través del otro) representa la norma ética de las redes de intercambio.

---

[146] Héber-Suffrin, C., *Plaisir d'aller à l'école*, Lyon, Chronique sociale, 2013, p. 38.
[147] Héber-Suffrin, C., Héber-Suffrin, M., *Les réseaux d'échanges réciproques de savoirs: Vers une société apprenante et créatrice, Niza*, Éditions Ovadia, 2012, p. 27.

«Ya puedo yo saber, que no sabré nada si otra persona no sabe lo que sé.»[148]

En el seno de una clase (o de un grupo con estudiantes de clases distintas), una red de intercambios recíprocos de saberes puede organizarse de la siguiente manera:

1. Identificación de talentos.
2. Organización de la oferta y la demanda.
3. Creación de los primeros grupos.
4. Realización del intercambio.
5. Intercambio de opiniones sobre los intercambios.

Identificación de talentos

Los docentes presentan al alumnado la máxima del intercambio de saberes: «No hay nadie que no sepa nada. Nadie lo sabe todo. El saber pertenece a todo el mundo y se intercambia».[149] En esta fase también debe explicarse que nadie

---

[148] Lucilius, siglo II a.C., citado por Héber-Suffrin, *Plaisir d'aller à l'école, op. cit.*, p. 29

[149] Dicho de otra manera: «Todo el mundo es portador de multitud de saberes y de ignorancias. Y todos tienen la oportunidad de convertirse en solicitante de saber y en oferente de saber. Así, todos pueden aprender y enseñar, transmitir, compartir sus saberes (o aprender a hacerlo)» (C. Héber-Suffrin, *Plaisir d'aller à l'école, op. cit.*, p. 201).

es omnisciente y que todos tienen talentos. Se trata de instar a los estudiantes a que reconozcan sus talentos y despertar la voluntad de compartir alguna de sus competencias. Los talentos pueden estar relacionados con una disciplina académica concreta (por ejemplo, letras o inglés), pero también pueden pertenecer a ámbitos pluridisciplinares y extraescolares. Al inicio, se les puede anunciar lo siguiente: «Hagamos un juego: sin notas, sin compromisos; vamos a hacer una ronda de intervenciones y cada uno dirá las cosas que sabe, y las cosas que no sabe. De momento aún no se trata de decidir lo que vamos a ofrecer o a solicitar».[150]

Organización de la oferta y la demanda

Los docentes buscan estudiantes para que ofrezcan algunos de sus talentos a los demás. Anotan también lo que quieren recibir (algo que deseen desarrollar porque lo han pedido) y lo que aceptan transmitir. La idea base es que una solicitud debe ir acompañada de una oferta y viceversa. Evidentemente no es necesario que ambas sean del mismo ámbito. Esta reciprocidad existe porque «todo el mundo da o enseña y todo el mundo recibe o aprende».[151] El objetivo no es que exista simetría entre ofertas y demandas, sino que nadie tenga un

---

[150] Héber-Suffrin, C., Bolo, S., *Échangeons nos savoirs!*, París, Syros, 2001, p. 167.

[151] Breault, M. en Héber-Suffrin, C., Renon-Thouret, C., Desgroppes, N., Vidricaire, A., *Parier sur la réciprocité, vivre la solidarité*, Lyon, Chronique sociale, 2011, p. 59.

único estatus, ya sea el de maestro o el de aprendiz. Se trata de garantizar que haya un poco de cada uno.

Creación de los grupos

Primero sin estudiantes, los docentes se ocupan de las ofertas y las demandas y crean los primeros grupos. Se los puede organizar por parejas o por grupos más grandes, el número puede variar.

Realización de intercambios

Cuando llegan los estudiantes, los docentes les indican los primeros grupos. Estos aparecen distribuidos con pósits en una pizarra dividida en cuatro columnas: Las ofertas - Las solicitudes - Los intercambios que se están llevando a cabo - Los intercambios pendientes.[152] Entonces, los estudiantes proceden a realizar los intercambios de saberes y, cuando han acabado, se desplazan los pósits para indicar el inicio de nuevos intercambios. Así, de manera progresiva, van alternando la función de oferente y la de solicitante. La evolución de los grupos es posible gracias a la función de «secretaría de sesión», que lleva a cabo un estudiante voluntario encargado de mover los pósits para indicar el final de un intercambio o el inicio de uno nuevo. Se ocupa de reunir las ofertas con las solicitudes.

---

152 Héber-Suffrin, C., Bolo, S., *Échangeons nos savoirs! op. cit.*, p. 170.

Intercambio de opiniones sobre los intercambios

El docente invita al alumnado a reflexionar juntos sobre lo que han aprendido, entendido o descubierto. Esto permite desarrollar el saber sobre sus saberes y, como consecuencia de ello, sobre los saberes en general, que ya no se presentan como verdades reveladas. Es también un buen momento para intercambiar opiniones sobre cómo se han impartido los saberes, hecho que lleva a analizar las maneras de enseñar, así como las distintas estrategias para aprender (para apropiarse de estos saberes que alguien ha compartido). Esto permite materializar la idea de que no basta con transmitir para que los escolares aprendan: «La preocupación por el éxito del otro es indispensable para profundizar sobre el propio saber. [...] Se prestará atención al hecho de que todos sean actores» (Fragmento de la *Charte des réseaux d'échanges réciproques de savoirs*).

BENEFICIOS COMPARTIDOS

Los escolares se benefician de estas situaciones descubriendo y aprendiendo por iniciativa propia: solo participan en los talleres que han escogido y que corresponden a un ámbito que les interesa (o a una pregunta que se plantean). El ambiente escolar mejora en las clases donde realizan redes de intercambios, debido a que de manera progresiva se van creando relaciones de confianza.

Los oferentes se enriquecen con estos intercambios por tres razones principales: en primer lugar, porque enseñar lo que ya dominan los lleva a consolidar sus conocimientos. «Al reformular sus saberes, el oferente los racionaliza y los reactiva. Al responder a las preguntas del otro, mira sus saberes con otros ojos, desde otro punto de vista. Así emergen dudas de las que era consciente y de las que no y siente la necesidad de volver a consultar las fuentes, de reaprender, tiene la oportunidad de deconstruir sus evidencias.»[153] En segundo lugar, porque la situación los lleva a reflexionar sobre su método pedagógico. Se plantean tres cuestiones principales: ¿cómo le enseñaré? ¿cómo aprendo yo? ¿cómo quieren aprender los y las que están en mi taller? «[Algunos docentes] han visto a alumnos brillantes en una materia que, al enseñarla, entendían el verdadero sentido de un saber que ya poseían.»[154] Por último, porque las posturas que adoptan les ayudan a valorar sus competencias y se sienten más cualificados. Consolidan la confianza en sí mismos y eso hace que estén más predispuestos a comprender áreas del conocimiento en las que se sienten más inseguros. Se saben poseedores de competencias, y la experiencia de la enseñanza entre iguales les confiere habilidades empáticas y una perspectiva necesaria para comprender las fases del aprendizaje.

Los solicitantes aprenden de esos intercambios principalmente porque obtienen respuestas a preguntas que se planteaban. «Cuando se es solicitante, el sujeto construye una pregunta y las condiciones que le permitirán aprender,

---

[153] Héber-Suffrin, C., *et al.*, *Parier sur la réciprocité, vivre la solidarité, op. cit.*, p.102.
[154] Héber-Suffrin, C., Bolo, S., *Échangeons nos savoirs! op. cit.*, p. 80.

convertirse en buscador de saberes.»[155] Aprenden también sobre ellos mismos.

LOS MERCADOS DE CONOCIMIENTOS

Los mercados de conocimientos son técnicas más recientes. Una entrevista de investigación con Roger Beaumont, uno de los precursores de esta práctica, nos ha permitido aprender sobre el tema. Se remontan a 1999 y provienen de la región de Lyonnais. Michel Serres y Michel Authier llevaron a cabo una presentación en la escuela Michel-Serres de Pollionnay sobre un programa llamado Gingo que había desarrollado la sociedad Trivium para empresas. Fue así como el equipo docente del GLEM (Groupe Lyonnais de l'École Moderne), afiliado al ICEM-Pédagogie Freinet, descubrió la idea de los árboles de conocimientos. Ante el elevado coste de los programas y la falta de equipos informáticos adecuados y suficientes, varios docentes tuvieron la idea de organizar estas redes sin ordenadores. Así nacieron los mercados de conocimientos en las clases y escuelas y, más tarde, entre grupos de escuelas, reproduciendo el funcionamiento de los árboles de conocimientos. Se desarrollaron de manera progresiva, principalmente a través de encuentros entre movimientos pedagógicos, y se fueron extendiendo hasta incluir también a las familias. Algunas escuelas, en lugar de fiestas o espectáculos de fin de curso, organizan grandes mercados de conocimientos.

---

[155] Héber-Suffrin, C., *et al.*, *Parier sur la réciprocité, vivre la solidarité, op. cit.*, p.103.

Hoy en día, se suelen organizar en escuelas de infantil y primaria tanto entre estudiantes de una misma clase como entre los de edades y entornos distintos. Algunos de estos mercados se proponen como formación permanente para los equipos docentes, sobre todo en temas como la digitalización o el ambiente escolar. Estos mercados persiguen los mismos objetivos que las redes de intercambios recíprocos de saberes, pero tienen una organización ligeramente distinta.[156] Se basan en los mismos principios: «Todos saben. Nunca sabemos. Todo el saber reside en la humanidad».[157] Se definen como un tiempo y un espacio concretos en los que los clientes (estudiantes, familias, docentes...) se van desplazando de estand en estand para adquirir saberes que les ofrecen los vendedores (estudiantes, familias, docentes...). Los dos roles se van alternando.[158]

Así, los estudiantes se sumergen en nuevas situaciones de aprendizaje: el docente ya no es el único poseedor de saberes; mediante el intercambio se conoce mejor a los demás, no se aprende por una recompensa sino porque el saber confiere un reconocimiento; los saberes que se aprenden fuera de la escuela son de la misma naturaleza que los saberes académicos; se puede aprender sin sufrir (aunque suponga cierto

---

[156] Connac, S., *Apprendre avec les pédagogies coopératives, démarches et outils pour l'école, op. cit.*

[157] Authier, M., Lévy, P., *Les arbres de connaissances*, París, La Découverte, 1992, p.87.

[158] De acuerdo el trabajo de Demaugé-Bost, B., http://bdemauge.free.fr/marchedeconnaissances/marche1.pdf y el del GLEM: http://marelle.org/glem/archives/marchesalon/marche1/page1.html

esfuerzo); aprender con los demás multiplica la riqueza, sobre todo para aquel que trasmite sus conocimientos. Estos mercados alientan a los que quieren ofrecer sus conocimientos a que se proyecten hacia el futuro, se organicen tanto a nivel material como con sus compañeros y tomen decisiones.

Por lo general, la primera vez que se organiza un mercado lo guía un docente que indica los potenciales estands y pide a estudiantes voluntarios que los lleven. A partir de la segunda vez, ya son los estudiantes los que proponen los estands. Para figurar como autor de uno de ellos, estos tienen que elaborar una «ficha para obtener el diploma» en la que deben indicar:

- El título de lo que quieren «vender».
- La descripción: «¿Qué hay que hacer?».
- Las modalidades: «Qué deben hacer los compañeros para obtener el diploma?».

Cada estand tiene un cartel que permite localizarlo fácilmente en el mercado y un semáforo con dos colores (rojo: cerrado porque está lleno; verde: abierto). La organización del mercado también incluye insignias amarillas para compradores y azules para clientes, y unas hojas de ruta en las que se anotará si alguien ha visitado un estand y si ha logrado el aprendizaje que allí se ofrece (obtención del diploma).

Algunas normas para que el mercado sea agradable y haya un ambiente de convivencia (extraídas de la web del GLEM):

1. Está prohibido correr.

2. Los desplazamientos deben realizarse con calma para no molestar a las personas vendedoras y compradoras.

3. Hay que fijarse bien en el semáforo de los estands: si está rojo significa que en ese momento no hay sitio en el estand.

4. Si me he perdido o no encuentro el estand que busco, puedo llamar a una persona adulta.

5. Cuando llego a un estand, doy mi hoja de ruta al secretario. Este anotará si he logrado la competencia en cuestión al final del aprendizaje. No olvido recoger mi hoja cuando me voy del estand.

6. Cuando soy vendedor, no me voy del estand (aunque no haya nadie).

7. Cuando finaliza el mercado, si soy comprador, salgo para dejar que los vendedores recojan. Si soy vendedor, guardo todo el material en una caja (incluido mi cartel) y limpio mi mesa antes de salir.

COOPERACIÓN ENTRE ALUMNOS Y EVALUACIÓN

LA EVALUACIÓN DE LOS COMPORTAMIENTOS COOPERATIVOS

La evaluación de la cooperación no es una prioridad. No hay que confundir la actividad con sus objetivos. La evaluación de los aprendizajes va primero, sobre todo para no confundir a los escolares con un raudal de expectativas y para acompañarlos en las experiencias de ensayo y error.

Evaluar las habilidades cooperativas que surgen en el alumnado resulta relevante para ayudarlos a ubicar estos aprendizajes y a orientarse. No obstante, todo esto no será posible hasta que no se haya instalado la estructura cooperativa de los intercambios: organización rigurosa del trabajo en grupo, formación del alumnado en la ayuda y la tutoría, ritualización del momento en que se empieza a trabajar, mantenimiento de un ambiente tranquilo, pasaportes, te-trayudas, billetes de ayuda... Tratar de evaluar estas competencias en el seno de unas dinámicas pedagógicas que no permiten ni su surgimiento ni su crecimiento no sirve de nada, ya que así las competencias no se podrán desarrollar de manera natural. Sin un marco institucionalizado incluso podrían ser sustituidas por la simple persecución de intereses personales, la competición y formas sofisticadas de individualismo, esto es, los mejores ingredientes para cocinar la segregación escolar.

Una vez se consigue instalar esta estructura cooperativa de intercambios, puede resultar útil pedagógicamente, tanto para el docente como para el alumnado, seguir la evolución de los comportamientos surgidos en materia de cooperación. En primer lugar, para reconocer los progresos individuales; en segundo lugar, para ayudar a los estudiantes a perfeccionarlos; y, por último, para recopilarlo en una libreta de seguimiento si procede. Por estas tres razones presentamos tres niveles de cooperación, con una serie de criterios que pueden servir para evaluar los comportamientos cooperativos.

Nivel 1	Yo	Mi grupo	Mi docente
— Acepta pedir ayuda cuando él/ella no entiende algo			
— Se atreve a hacerle preguntas al docente			
— Respeta a los alumnos que cometen errores			
— Participa en los trabajos en grupo (no está sistemáticamente solo)			
Nivel 2			
— Acepta ser tutor en su clase			
— Respeta las condiciones para que haya un ambiente tranquilo en el trabajo cooperativo			
— Puede responder a algunas peticiones de ayuda, sin excederse			
— Participa en el trabajo en grupo para que le sea útil			
Nivel 3			
— Sabe responder de manera eficaz a las peticiones que le hacen			
— Coopera y realiza su trabajo con seriedad			
— Ayuda a sus compañeros a respetar el ambiente tranquilo durante el trabajo cooperativo			
— Dentro del grupo, hace preguntas, da su opinión y anima a sus compañeros para que hagan lo mismo			

Una vez por sesión, por ejemplo, se pide al alumnado que haga una pausa y que cada persona se posicione individualmente dentro de estos niveles (autoevaluación). Después, se pregunta la opinión de su grupo (coevaluación). Todos escuchan los comentarios de los compañeros. A continuación, el docente transmite su evaluación, que sirve como síntesis de las distintas opiniones (la de cada uno, la de los grupos y la suya) y como validación de los niveles. Estos momentos también permiten insistir en los principales problemas del grupo (para explicitar lo que se espera de este y ajustar el funcionamiento), que pueden ser, por ejemplo, la necesidad de que haya un ambiente tranquilo o de que los beneficios de la cooperación sean simétricos.

EVALUACIÓN DE LAS ADQUISICIONES DEL ALUMNADO

Una vez establecida la cooperación entre el alumnado, los docentes pueden orientar sus prácticas hacia una concepción específica de la evaluación: la evaluación positiva y educativa. Positiva, porque se interesa por el progreso del alumnado y se aleja del concepto de norma. Educativa, porque acompaña los aprendizajes y difiere de las lógicas de clasificación y selección. Es un «conjunto de dispositivos que permite al escolar, a su familia y a sus docentes vincular de manera sistemática evaluación y aprendizaje».[159] Corresponde a lo que se podría designar como «evaluación para el aprendizaje». Esta consiste en brindar a todos los estudiantes la ocasión de rehacer, tantas veces como sea necesario, el recorrido de la asimilación de una noción hasta que se consiga el objetivo planteado. Si se logra, la evaluación resulta sumativa; si se han cometido

---

[159] Connac, S., *La personnalisation des apprentissages: Faire face à l'hétérogénéité à l'école et au collège, op. cit.*, p. 140.

errores, adquiere un carácter formativo. Se trata de un tipo de evaluación formativa que engloba el proceso de certificación (validación).

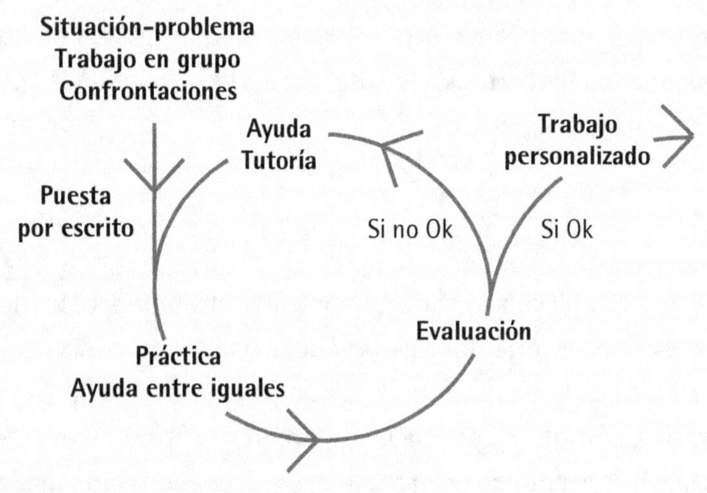

La organización cooperativa del trabajo del alumnado permite activar el principio de los bucles evaluativos. Una vez se han formalizado los saberes, principalmente mediante el trabajo en grupo, los escolares pasan a una fase de práctica, para facilitar la memorización. Después se realiza una evaluación. A los estudiantes que obtienen un resultado correcto se los deriva a tareas distintas, que a menudo forman parte de un plan de trabajo. Además, al tener un saber validado, obtienen el estatus de persona-fuente. Quienes todavía no han alcanzado un mínimo vuelven a la práctica (también según la organización del plan de trabajo) y recurren, si lo desean, a sus compañeros, en especial a alumnos-fuente o a tutores, para que los ayuden a comprender. Por último, por iniciativa propia y cuando se sienten preparados, pasan otra evaluación similar, hasta que lo logran.

Durante las fases de práctica es cuando la ayuda entre iguales, la ayuda y la tutoría resultan formas de trabajo oportunas. Se anima a los estudiantes a que trabajen con otros, con el objetivo de que se apoyen para obtener mejores resultados en las evaluaciones que les esperan (que no son ni cooperativas ni autoevaluables). Esta situación recuerda a aquel proverbio africano: «Solo se va más rápido, juntos se va más lejos». Así, no se frena a los más rápidos que quieren avanzar hasta encontrar su límite, y quienes necesitan más tiempo y apoyo pueden contar con los demás para disponer de información diversificada. La práctica se basa en autocorregir los ejercicios, de manera que cada persona desarrolla habilidades de autonomía responsable: «hacer trampas» no es una estrategia eficaz. Además, si no se entiende la corrección, enseguida se puede recurrir a las explicaciones de un compañero.

En la cooperación entre el alumnado, el docente, al no ser la única fuente de saberes y directrices, adquiere una especie de don de ubicuidad, y esto hace que los estudiantes puedan recurrir a varias personas para obtener respuestas. En este sentido, la cooperación puede ser una respuesta efectiva a los retos que supone la individualización de la enseñanza. La implicación del alumnado en la organización de la clase facilita las intervenciones del adulto que, a pesar de seguir siendo la figura que garantiza el proceso, no tiene que responder él solo a todas las peticiones de los estudiantes. De esta manera, puede escoger cuál es su prioridad, por ejemplo, observar la clase o trabajar únicamente con un pequeño grupo de escolares. Esta libertad es lo que garantiza el bienestar profesional y la calidad de las relaciones pedagógicas.

Así, gracias a una organización de la evaluación respaldada por la cooperación, no se condena a los escolares a un único intento, hecho que los llevaría a prescindir de la compresión del concepto y a aprobar a la primera y, seguidamente, fuese cual fuese el resultado, a pasar a otra cosa. Esta imposibilidad de insistir en aquellos aprendizajes que no se han adquirido completamente explicaría el gran número de estudiantes que pasan a las siguientes etapas escolares con importantes carencias en saberes fundamentales. Son los mismos que, sin duda, a largo plazo acaban perdiendo la motivación por esforzarse. En efecto, si no aprueban la evaluación, la consecuencia es la misma: además de la desvalorización, se les encadena a seguir con el programa. Al final, la satisfacción por el trabajo realizado queda reservada a los estudiantes que obtienen buenos resultados, y los demás van quedando relegados a seguir un ritmo que cada vez les conviene menos. Algunos incluso llegan a desistir.

Conclusión

«EN Francia, por ejemplo, se persigue la creación de una élite a expensas de los demás, mientras que la cooperación tiene muchas más ventajas.»[160] Ante la magnitud del problema de las desigualdades escolares, la cooperación entre el alumnado únicamente puede posicionarse a favor de la consideración de la diversidad: se persigue de manera explícita elevar la heterogeneidad a la categoría de riqueza. El objetivo de la cooperación no es simplemente dejar que emerjan unos cuantos ganadores en detrimento de todos los demás, sino implicarse para que todos progresen. Al final del curso escolar, todos deben ser más competentes, tener más confianza en ellos mismos, tener iniciativa, involucrarse más en el trabajo con los demás y querer contribuir a un mundo respetuoso de valores humanistas. Este es el sentido primordial de las pedagogías de la cooperación. Ya no necesitamos personas adultas que solo ejecuten. En Estados

---

[160] Taddei, F., «Les pratiques collaboratives dans l'éducation», *ParisTech Review*, 12 de marzo de 2015, http://www.paristechreview.com/2015/03/12/education-collaborative.

Unidos, el 47 % de los empleos corren el riesgo de automatizarse en los próximos veinte años.[161] Se trata de contribuir, mediante la educación, a la construcción de personas capaces de reflexionar, que puedan adaptarse, gestionar imprevistos y relacionarse con el otro.

Este proyecto voluntarista será posible si se dan dos condiciones. La primera, que se especifique previamente al alumnado lo que se espera de ellos a nivel cooperativo: las situaciones donde pueden cooperar tienen que estar delimitadas con precisión y por adultos sólidos. Estos tienen que explicarles cómo ayudar y cómo pedir ayuda, han de insistir en la necesidad de un ambiente tranquilo en los grupos y en el respeto de las normas para la vida colectiva. También tienen que fomentar y cuidar los vínculos de amistad entre los escolares y transmitir las ventajas de abrirse a los demás para que, más adelante, se puedan dar cuenta de que así se crece. Todo esto es la base de lo que se construirá a continuación.

La segunda condición necesaria es que las estructuras cooperativas de las clases permitan el desarrollo de dos capacidades en los equipos docentes: la ubicuidad y la descentralización. Al permitir que los estudiantes se conviertan en personas-fuente, el docente ya no es la única interfaz de saberes y directrices. Lo que podría transmitir él pasa a estar también a disposición de algunos escolares. Los estudiantes ya no están condenados a entenderlo todo a la primera (y, en su

---

[161] Frey, C. B., Osborne, M., *The future of employment: how susceptible are jobs to computerization?*, Oxford, University of Oxford, 2013.

defecto, a encontrarse excluidos de la situación pedagógica), sino que se aprovecha al máximo la implicación en el trabajo. Probar y equivocarse se considera una estrategia adecuada. Lo mismo sucede con el hecho de pedir ayuda; no es algo que esté mal visto puesto que todo el mundo recurre a ello.

Así pues, aumenta el tiempo de exposición de los estudiantes a los aprendizajes: raramente se aburren, están realizando actividades intelectuales la mayor parte del tiempo y aprenden de manera auténtica. Por su parte, los docentes casi nunca se encuentran en una situación en la que se dé una relación de poder con los grupos, puesto que la vida de clase es una preocupación compartida. El placer de enseñar y de trabajar con los jóvenes aumenta.

La cooperación en el ámbito de lo cotidiano se convierte en portadora de valores sólidos, sin necesidad de grandes discursos, solo a través del ejercicio cotidiano de este espíritu de trabajo. «Enseñar valores deja de tener sentido en el momento en que se admite que es en el seno de cada actividad donde se descubren y se viven realmente.»[162] Justamente porque los escolares disponen de plena libertad (para desplazarse, expresarse, escoger los compañeros y compañeras con quienes quieren trabajar), aprenden qué es la autonomía, esto es, a ponerse sus propias limitaciones para actuar de manera eficaz. Además, gracias a que estos aprendizajes son útiles para los demás, desarrollan el sentido de la responsabilidad: el otro,

---

[162] Guillaume, L., Manil, J.-F., *op. cit.*, p. 33.

en su otredad, es como mínimo igual de importante que uno mismo. Y, finalmente, gracias al fomento del compañerismo, acaban siendo altruistas, dotados de empatía porque se ofrecen de manera incondicional.

El recreo ya no es el único espacio específico de cooperación. En clase, los estudiantes ya no son pasivos y no interaccionan únicamente con el docente. Así pues, la cooperación es un eficaz trampolín para suscitar en los escolares las ganas de vivir con los demás, aceptando todas las diversidades.

Philipp Abrami, *L'apprentissage coopératif: théories, méthodes, activités*. Montreal, éditions Chenelière/McGraw-Hill, 1995.

Vernon Allen, Robert Feldman, «Learning through tutoring: Low-achieving children as tutors», *Journal of Experimental Éducation*, n.° 42, 1973, p. 1-5.

Didier Anzieu, Jacques-Yves Martin, *La dynamique des groupes restreints*, París, PUF, 1973, última edición en 2013.

Joëlle Armand, *IMA: une démarche d'apprentissage par les pairs*, Sherbrooke, Licenciatura en Educación Infantil y Primaria, universidad de Sherbrooke, 2012.

Jean-Pierre Astolfi, *L'école pour apprendre*, Issy-les-Moulineaux, ESF éditeur, 1991.

Michel Authier, Pierre Lévy, *Les arbres de connaissances*, París, éditions La Découverte, 1992.

Albert Bandura, *L'apprentissage social*, Bruselas, P. Mardaga, 1976.

Michel Barlow, *Le travail en groupe des élèves*, París, Bordas, 2002.

Gérard Barnier, *Le tutorat dans l'enseignement et la formation*, París, L'Harmattan, 2001.

Alain Baudrit, *Tuteur: une place, des fonctions, un métier?*, París, PUF, 1999.

Alain Baudrit, *Relations d'aide entre élèves à l'école*, Bruselas, De Boeck, 2007.

Alain Baudrit, *Le tutorat, richesse d'une méthode pédagogique*, Bruselas, De Boeck, 2007.

Agnès Baumier-Klarsfeld, *Réveiller le désir d'apprendre*, París, Albin Michel, 2016.

Élisabeth Bautier, Rolland Goigoux, «Difficultés d'apprentissage, processus de secondarisation et pratiques enseignantes: une hypothèse relationnelle», *Revue française de pédagogie*, n.° 148, 2004, p. 89-100.

Leïla Bensalah, «Que savons-nous du rôle de tuteur chez le jeune enfant?», *Carrefours de l'éducation*, n.° 27, 2009, p. 69-81.

Yves Bertrand, *Théories contemporaines de l'éducation*, Ottawa, éditions Agence d'Arc, 1992.

Christine Berzin, Évelyne Cauzinille-Marmerche, Fayda Winnykamen, «Effet du rôle assigné à l'expert dans la résolution en dyade asymétrique d'une tâche de combinatoire», *Psychologie*, n.° 249, 1996, p. 109-131.

Pascal Bressoux, «Les recherches sur les effets-écoles et les effets-maitres», *Revue française de pédagogie*, n.° 108, 1994, p. 91-137.

Jérôme Bruner, *Savoir faire, savoir dire*, París, PUF, 1983.

Jérôme Bruner, *Comment les enfants apprennent à parler*, París, Retz, 1987.

Céline Buchs, *L'interdépendance des ressources dans les dispositifs d'apprentissage entre pairs : menace des compétences et dépendance informationnelle*, Tesis doctoral en Psicología Social Experimental, Grenoble, universidad Pierre-Mendès-France, 2002.

Bernard Charlot, *Le Rapport au savoir en milieu populaire*, París, Anthropos, 1999.

Elizabeth G. Cohen, *Le travail de groupe: Stratégies d'enseignement pour la classe hétérogène*, Montreal, éditions Chenelière, 1994.

Sylvain Connac, *Apprendre avec les pédagogies coopératives, démarches et outils pour l'école*, Issy-les-Moulineaux, ESF éditeur, 2009.

Sylvain Connac, *La personnalisation des apprentissages – Faire face à l'hétérogénéité à l'école et au collège*, Issy-les-Moulineaux, ESF éditeur, 2012.

Sylvain Connac, Stéphanie Fontdecaba, «Mieux apprendre avec la coopération», *Cahiers pédagogiques* (dossier), n.° 505, 2013, p. 10-57.

Marie Cooper, «*Classroom choices from a cognitive perspective on peer learning*», in Angela O'Donnell, Alison King (dir.), *Cognitive perspectives on peer learning*, Mahwah, Lawrence Erlbaum Associates, 1999, p. 215-233.

Marcel Crahay, Geneviève Hindryckx, Martine Lebe, «Analyse des interactions entre enfants en situation de tutorat portant sur des problèmes mathématiques de type multiplicatif», *Revue française de pédagogie*, n.° 136, 2001, p. 133-145.

Charles Crook, «*On Resourcing a Concern for Collaboration Within Peer Interaction*», *Cognition and Instruction*, n.° 13 (4), 1995.

Denise Curchod-Ruedi, Pierre-André Doudin, *Comment soutenir les enseignants face aux situations complexes?*, Bruselas, De Boeck, 2015.

Marie-France Daniel, Michael Schleifer, *La coopération dans la classe*, Montreal, Les Éditions logiques, 1996.

Pierre Dillenbourg, Michael Baker, Agnès Blaye, Claire O'Malley, «*The evolution of research on collaborative learning*», in Spada, E. Reinman, P., *Learning in Humans and Machine: Towards an interdisciplinary learning science*, Oxford, Elsevier, 1996, p. 189-211.

Héloïse Durler, *L'autonomie obligatoire: Sociologie du gouvernement de soi à l'école*, Rennes, PUR, 2015.

Gary Fertig, «*Teaching collaborative skills to enhance the development of effective citizens*», *Southern Social Studies Journal*, n.° 21, 1995, p. 53-64.

Niki Filippaki, Gérard Barnier, Yannis Papamickael, «L'effet bénéfique du rôle de tuteur chez des enfants d'âge préscolaire confrontés à la réalisation d'un damier», *Psychologie & Éducation*, n.° 44, 2001, p. 27-42.

Philippe Foray, *Devenir autonome: Apprendre à se diriger soi-même*, París, ESF Éditeur, 2016.

Christine Fortin, *Je coopère, je m'amuse: 100 jeux coopératifs à découvrir*, Montreal, éditions Chenelière/McGraw-Hill, 1999.

Carl Benedikt Frey, Michael Osborne, *The future of employment: how susceptible are jobs to computerization?*, Oxford, University of Oxford, 2013.

Lynn Fuchs, Douglas Fuchs, Johnell Bentz, Norris Phillips, Carol Hamlett, «*The nature of student interactions during peer tutoring with and without prior training and experience*», *American Educational Research Journal*, n.° 31, 1994, p. 75-103.

Alan Gartner, Conway Kolher, Frank Riessman, *Des enfants enseignent aux enfants*, París, éditions de l'Épi, 1973.

Alain Guerrier, *Complémentarité du langage verbal et du langage non verbal dans la reformulation: une stratégie pour combler un «blanc de compréhension» en classe?*, Tesis doctoral, universidad Bordeaux-Segalen, 2006.

Daniel Guichard, «L'effet tuteur dans les activités de lecture et de résolution de problème au cours moyen», *Cahiers Alfred -Binet*, n.° 669, 2001, p. 51-65.

Daniel Guichard, «Le tutorat entre élèves au cycle 3», *Revue française de pédagogie*, n.° 150, 2005, p. 73-85.

Léonard Guillaume, Jean-François Manil, *7 facilitateurs à l'apprentissage – Vivre du bonheur pédagogique*, Lyon, Chronique sociale, 2016.

Claire Heber-Suffrin, Sophie Bolo, *Échangeons nos savoirs!*, París, Syros, 2001.

Claire Heber-Suffrin, Chantal Renon Thouret, Nicole Desgroppes, André Vidricaire, *Parier sur la réciprocité, vivre la solidarité*, Lyon, Chronique sociale, 2011.

Claire Heber-Suffrin, Marc Héber-Suffrin, *Les réseaux d'échanges réciproques de savoirs – Vers une société apprenante et créatrice*, Niza, éditions Ovadia, 2012.

Claire Heber-Suffrin, *Plaisir d'aller à l'école*, Lyon, Chronique sociale, 2013.

Olivier Houdé, Fayda Winnykamen, «Les apprentissages cognitifs individuels et interindividuels», *Revue française de pédagogie* n.° 98, 1992, p. 83-103.

Jim Howden, Yviane Rouiller, *La pédagogie coopérative*, Montreal, éditions Chenelière, 2009.

Michel Huber, *Apprendre en projets*, Lyon, Chronique sociale, 1999.

Marie-Anne Hugon, «De l'approche de pédagogie interactive à l'approche coopérative des apprentissages scolaires en collège et lycée: quelques points de convergence» *in* Yviane Rouiller, Katia Lehraus (dir.), *Vers des apprentissages en coopération: Rencontres et perspectives*, Berne, Peter Lang, 2008.

Danielle Jasmin, *Le Conseil de coopération, un outil pédagogique pour l'organisation de la vie de classe et la gestion des conflits*, Montreal, éditions Chenelière / McGraw-Hill, 1994.

David Johnson, Roger Johnson, «*Integrating handicapped students into mainstream*», *Exceptional Children*, n.° 47, 1980, p. 90-98.

David Johnson, Roger Johnson, «*What is cooperative learning?*», in Mark Brubacher, Ryder Payne, Kemp Rickett, *Perspectives on small group learning*, Oakville, Rubicon Publishing Inc, 1990, p. 68-80.

David Johnson, Roger Johnson, Edythe Holubec, *Cooperation in the classroom*, Edina, Minn., Interaction Book Co, 1991.

Janusz Korczak, «Le développement de l'idéal de l'amour du prochain au XIXe siècle», *Lectures pour tous*, n.° 52, 1899.

René Laffitte, *Essais de pédagogie institutionnelle*, Nimes, éditions Champ social, 2006.

+i Web de consulta

Para consultar toda la bibliografía, véase:

https://www.reseau-canope.fr/notice/la-cooperation-entre-eleves.html

El fin de las pequeñas historias

Eduardo Grüner

Una partida de ajedrez

Stefan Zweig

Gráfica cooperativa en Barcelona. Iconografía del cooperativismo obrero (1875-1939)

Marc Dalmau

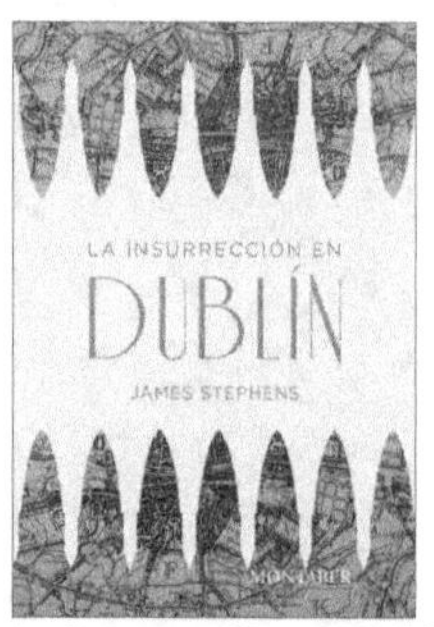

La insurrección en Dublín

James Stephens

La economía social y solidaria en Barcelona

Anna Fernández i Iván Miró

Economías transformadoras de Barcelona

Rubén Suriñach

Miradas sobre la educación a lo largo de la vida
Àngel Marzo Guarinos, Graça dos Santos Costa

El Falansterio
Charles Fourier

Apocalipsis
Karl Kraus

Adaptación a utopía
Daniel Yacubovich

El barri de la Perona. Barcelona 1980-1990
Esteve Lucerón i Àngel Marzo Guarinos

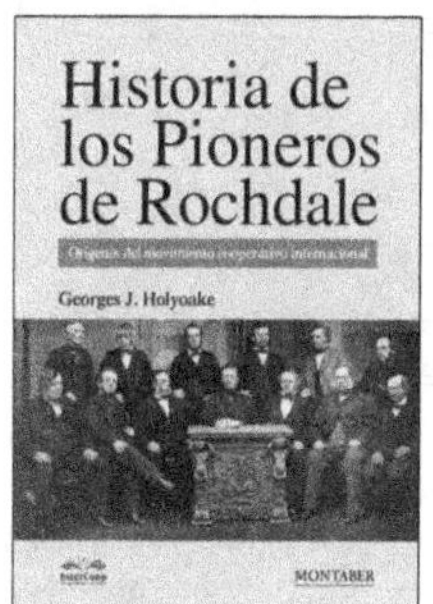

Historia de los Pioneros de Rochdale
Georges Jacob Holyoake

9 788417 903657